世界公民叢書

未來的・全人類觀點

拜登政府外交寶典・地緣戰略領航燈
全方位佈局，影響半個世紀美國全球戰略的最重要推手
美國在歐亞權力關係的盟主地位能持續嗎？
亞洲是潛伏的政治火山｜中國崛起為世界大國｜歐亞大陸穩定均勢更難維持
大棋盤
全球戰略大思考
THE GRAND CHESSBOARD

作者◎布里辛斯基Zbigniew Brzezinski
譯者◎林添貴

〈序〉①

美國如何在世界島上玩這一盤棋？

（國家安全會議諮詢委員）陳中明

這是一本好書。後冷戰的國際體系走向為何？美國欲在後冷戰的國際大棋盤扮演何種角色？其具體的策略與政策又是如何？關心這些問題的人士，本書是一本「必讀書」。

本書作者布里辛斯基為美國戰後學者從政的成功例子，乃是在學、政界都達成高度成就的少數典範之一。本人在美求學時即開始拜讀布氏的著作。從他最早期的論著（對納粹與共產極權政體做「韋伯式的理想型」理論分析）到蘇聯解體前於一九八八年出版的《大失敗》（*The Grand Failure*），預言蘇聯的列寧式政經體系已經走到盡頭，瀕臨崩潰，都拜讀過。本人認為本書是布氏四十年來眾多著作中，最精彩、最頂尖的作品。

布氏的這本最新力作，比起季辛吉的《大外交》（*Diplomacy*，也是由林添貴先生合譯成中文）高明多了。季氏在其《大外交》中的論述與政策建言，還是超越不了他從研究生時代就執迷不悟的「權力政治」現實主義思考架構，對美國在後冷戰的世界大格局應扮演何種角色，還是老生常談，了無新意。他的原文著作所引用的參考書目與論文達數百本是唬老百姓的，以他每天忙著替中共與美國一些跨國公司拉皮條並為中共遊說國會，季辛吉有時間讀完列舉參考書目的十分之一？與季辛吉相同的是，布氏這一本新書也是以地緣戰略作為其分析與建構其政策建言的出發點。但是他不同於季氏之處在於他堅持「民主的維護與擴大」之原則，認為這是維持世界永續和平與安全不可或缺的要件。（他把在擔任卡特總統的國家安全助理的經歷寫成一本回憶錄，以《權力與原則》為書名，以顯示他本人對兼顧現實與原則之自我期許。）

美國的後冷戰後的大戰略是什麼？它所要追求的戰略目標是什麼？

> 「我們（美國）的首要目標在防止新敵手的出現，……它對美國可能造成的威脅，如同當年蘇聯一樣。……我們必須致力於防止任何敵對勢力，掌控全球任何一個地區，使其不能在整合該地區的資源後，足以成為全球性的強權……（除了前蘇聯之外），還有其他潛在國家或聯盟，在更長遠的未來，有可能發展其戰略目標、擁有區域防衛能力，甚至進一步主宰全球。我們必須將戰略目標的焦點再次凝聚在防止任何可能潛在性的、全球性的競爭對手的興起。」

這段話一語道破了美國冷戰後的大戰略——繼續保持美國獨占鰲頭的格局。本段話來自美國五角大廈的「一九九四—一九九九年國防計畫方針草案」，該草案原屬機密文件，但被紐約時報取得後於一九九二年三月八日刊載曝光。

針對美國追求的戰略目標（即把「一超多強」的格局儘量延長），中共與俄羅斯非常不滿，去年四月兩國元首發表建立戰略夥伴關係的公報，明言反對「一超多強」。但這種言行只具符號性的意義（發洩不滿美國扮演全球事務主宰角色的情緒），而不具任何實質或震撼性效果。（唯一例外是，俄國軍售與軍事科技轉讓給中共，使中共對台軍事威脅能量提升。但是俄國這種為錢而玩火的作法，有其侷限性。如果為錢而賣最高科技武器與製作方法予中共，到頭來，中共將成為俄國國家安全的最重大威脅。）

布里辛斯基這一本新書的核心政策建言，與美國執行的維持美國在國際體系主宰與主導者的角色，可以說「有謀而和」。布氏的論述不只為五角大廈內部文件所透露的大戰略目標背書，並且清楚的提出了落實此目標的具體策略。

布氏的核心看法與政策主張可簡述如下。美國做為全球獨一無二的盟主地位，為史無前例的地緣政治大事。在二十年或更長的時間內，無單一國家可挑戰這既成事實。環視全球，只有號稱「世界島」的歐亞大陸（Eurasia）有足夠的人口、資源、科技與文化可挑戰美國的良性霸權（benign hegemony）。因此，美國必須及時制訂並執行一個整體、全盤而長程的整體歐亞大陸地緣戰略。短期而言，其主旨在持續與強化歐亞大陸的地緣政治多元主義。

換言之，美國必須善用歷史上所從沒有過的黃金契機，執行兼顧現實與理想的策略，捭闔縱橫，以阻止一個敵意同盟的出現，使其無法挑戰美國的優勢地位，也絕不縱容任何一特定國家心存此念。就中期而言，美國應與個別關鍵國家建立夥伴關係，並促成一個更合作的跨歐亞安全體系。就長程而言，美國應進一步把上述發展演進成為真正分享政治責任的全球核心。

具體作法如何？布氏認為在歐亞的西端，美國應與法、德聯手鞏固並擴大現在的「民主橋頭堡」。換言之，把北約擴大至中歐與東歐，建構一個更大的集體安全體，並金援俄國以及透過興建新的公路與鐵路網，把俄國與歐洲更緊密連接起來，旨在促使俄國選擇親歐洲並與其進一步整合。在歐亞的東端，美國有必要與政治民主、經濟成功的日本結成緊密政治（而非軍事）夥伴；並在這基礎上，主動的跟中國展開戰略對話與建立戰略共識。美國有必要接納中國在亞洲的雄心，但也必須反對中國一意孤行的言行。他強調美、日兩國不應該不智的擴大軍事合作，因為如此作為會傷害到三邊（美、日、中）地緣戰略調和，也會降低美、中達成戰略共識的可能，美國雖然追求歐亞多元主義的強化，但前述作為卻會挫傷美國的能量與企圖。

布氏的主張與政策建言，事實上在柯林頓第一任期內就已付諸實行。在西端美國主導北約擴大是現在進行式。在東端，美國也於一九九七年九月與日本完成美日軍事防衛方針協議的簽署。在這基礎上，美國企圖與中國擴大全面、建設性交往，旨在與中國達成戰略和解，以做為美國參與歐亞事務的「東方之錨」。

布氏對美國在世界島的其他重要地區（如印度次大陸、油氣蘊藏豐富的伊斯蘭中東與中亞）應採取何種交往策略也有持平、獨到的見解。對國人最關心的美國應採取何種對兩華政策，布氏則語焉不詳。他說大中國到某一時刻，必強求各方解決台灣問題。但是他所提出的解決方案卻是修改過的鄧家處方——『一國多制』，但對『一國多制』的內涵與性質，他卻略而不提。對台灣讀者而言，這是令人很難容忍的缺失。（在一九七八年，卡特的國務卿范錫〔C. Vance〕認為美國無需為了與中國關係正常化而與台灣斷交。而布氏則為了聯中制蘇，接受鄧小平的三條件：與台灣斷交、毀約、撤館。在兩岸關係這議題上，布氏對他所自詡、自豪的「堅持原則」，卻比不上范錫。）

本書譯者林添貴先生為國內少見傑出譯作家。他具備國際政治學之學院式訓練，又精通英文、而更難能可貴的是他的中文流暢、易讀、幾達「信、達、雅」的境界。林先生在翻譯季辛吉了無創意的《大外交》後不久，又譯出布氏的前瞻性視野作品，對國人瞭解台灣所處的大格局與國人思考如何為台灣尋求利基(niche)大有助益，亦有助於國人提昇所關心的務實外交辯論品質與水準。林先生這種默默耕耘的努力，本人非常讚賞與敬佩，特為此序。

〈序〉② 美國主導的新棋局

（總統府副秘書長）蘇起

在現實的國際關係中，權力政治及權力平衡一直扮演非常重要的角色。十九世紀的英國就是以權力平衡之外交政策，縱橫捭闔，建立「大英帝國」。二次世界大戰後，美國一躍而成為全球性超強，為制衡蘇聯共產主義之擴張，也在世界各地廣結同盟，對共產集團進行圍堵，最後導致蘇聯、東歐集團之崩潰，而結束冷戰。

九〇年代，美國成為全球唯一超強。不論國際秩序之維持或任何重要國際議題的討論，均需要美國之介入，甚至領導。美國儼然成為世界政治之仲裁者。

卡特總統時期之國家安全顧問布里辛斯基，在本書中認為隨著世界局勢之急遽變化與發展，美國必須有前瞻性之全球外交政策，以持續維持美國世界領導地位，防止出現一個足以向美國地位挑戰之大國或敵對同盟之出現。布氏以地緣政治戰略之觀點，勾畫出美國未來一個世代內持續維持世界秩序仲裁者及領導地位之指針。

布氏認為美國為歷史上唯一不是自歐亞大陸崛起的世界超強；而未來世界舞台中心在歐亞大陸，蓋歐亞大陸佔全球面積最大，人口佔全球約百分之七十五，國民生產毛額佔全世界約百分之六十，能源則佔全球約四分之三，穩居全球地緣政治之樞紐；如歐亞大陸產生一個對美國具敵意之同盟或具支配力之大國，將對美國安全地位產生重大威脅；故美國外交政策必須保持地緣政治之關切，運用其在歐亞大陸之影響力，以創造穩定的歐亞大陸均勢而由美國擔任政治仲裁者。

為維持美國戰略優勢及盟主地位，布氏認為美國前瞻之政策目標可以三個階段達成：㈠短期（五年左右）：維持歐亞大陸多國勢力併存之地緣多元主義，防止敵對同盟或特定大國挑戰美國優勢力量。㈡中期（至多二十年）：在歐亞大陸建構重要且可合作之戰略夥伴，即在歐洲以德、法為中心，擴大北約及歐盟。在亞洲方面則以中國大陸為核心，透過美日安保體系與中共展開三邊戰略對話，將中共力量導入國際體系合作架構中，而後結合歐洲與亞洲之安全體系而形成跨歐亞之安全體系。㈢長期（二十年以上）：美國以仲裁者角色與主要戰略夥伴分享全球政治責任。

布氏以麥金德(Halford Mackinder, 1861—1947)地緣政治理論而建構美國未來一個世代之戰略目標。這是本書之長。過去二、三十年圍繞經濟、社會、人權、環保等諸多議題的討論，確實在某種程度上忽略了傳統國際關係中的地緣、戰略因素。本書恰可彌補這個漏洞。但同樣地，本書是否矯枉過正，寸長尺短，亦是可議之處。

布氏生於七十年前的波蘭。其父為波蘭外交官，曾隨其父駐節加拿大，後移居美國，因波蘭淪入共產黨，使得布氏爾後以強烈反蘇著稱。布氏於一九七七年至一九八一年任美國卡特政府之國家安全顧問期間，即主張強硬抗蘇政策，並根據其「聯中共制蘇聯」之理念，全力主導美國與中共的關係「正常化」。布氏學養深厚，分析力強，但其建言與預言，則各方評價不一。例如，在蘇聯崩潰前，布氏曾預測種族問題將為該國分裂的主因之一，事後證明頗為正確；惟其成名著作，即所謂共產主義可與民主制度「合流」的理論，則證明錯誤。布氏目前重返哥倫比亞大學執教，又為喬治城大學戰略及國際研究中心顧問，被許多人視為美國現任國務卿歐布萊特(Madeleine Albright)之思想導師，故其在書中所提出之戰略架構，儘管褒貶不一，對觀察美國外交取向仍具參考價值。

譯者添貴兄，目前任職自由時報副總編輯兼財經新聞中心主任，學經歷俱豐，曾翻譯：《大外交》(*Diplomacy*)；《解讀媒體迷思》(*Breaking the News: How the Media Undermine American Democracy*)；《龍擊》(*Dragon Strike: the Millennium War*)及《新皇朝》(*The New Emperors*)等名著。由於譯者之專業知識廣博，譯述經驗豐富，所以本書譯筆流暢，譯文忠於原著且深入淺出，使得一般讀者可充分瞭解作者所擬表達之意思，誠為信、雅、達之翻譯佳作，故樂於草此短文，以向廣大關心國際情勢的讀者鄭重推薦。

〈譯者序〉
冷戰之後的世界新秩序圖

林添貴

第二次世界大戰甫告結束，世人額首稱慶，和平終於在望，冀望以聯合國做為世界新秩序之基礎，追求穩定、安全、繁榮。不料，以美、蘇為首的自由民主、共產主義意識型態涇渭分明的兩極對峙冷戰，卻悄然登台。核子時代的美國以圍堵、對抗為戰略主軸，在歐洲以北約組織為前線，在中東以巴格達公約為防線，在東亞以日、韓及東南亞公約做屏障，構築一道圍堵歐亞大陸中、蘇共產陣營的大防線。

蘇聯鑒於中國不肯臣屬聽命，又以外圍突破之策在中東滲透，在非洲點火，更在古巴扶植卡斯楚政權，反轉來直叩美國腹背之側。越戰更是試煉美國核子嚇阻戰略、考驗美國社會價值良心的一個重要里程碑。美國在越南鎩羽，美國內部逐漸接納多元領導論、感嘆美國盛世優勢不再之際，蘇聯卻以迅雷不及掩耳之勢，旦夕之間就土崩瓦解。世人還來不及眨眼，冷戰已告終結。美國在一九九〇年代，歷近半個世紀的努力，成就了舉世獨一無二盟主的霸業。

就在世界跨進二十一世紀的歷史前夕，冷戰之後的世界新秩序中，美國雖然相對實力（包含政治、軍事、經濟、科技的硬實力，及文化、價值的軟實力）都不再具備一九五〇年代的強勁度，照本書作者布里辛斯基的觀察，卻是「空前、絕後」的唯一世界超級大國。

做為國際戰略的研究學者，布里辛斯基的見識受知於民主黨籍的卡特總統，被延攬出任白宮國家安全顧問，襄贊卡特擘劃、建立多元體制。柯林頓政府目前執行的「交往與擴大」(engagement and enlargement)戰略，多少有着民主黨先行者卡特、范錫、布里辛斯基結合中國、衝擊蘇聯的「中國牌」政策餘緒色彩。

今天的布里辛斯基早已是布衣之身，重新回到學界，授課、研究，近年來他執筆撰寫了好幾本以大眾讀者為對象的書籍，探討美國在後冷戰時代的戰略新思維。《大棋盤》乃是布氏去年十一月底出版的最新著作，就全球戰略提出宏觀的評析。

蘇聯瓦解，俄羅斯雖具有前蘇聯一半之人口及領土，但是東歐各衞星國脫離共產陣營、中亞及裏海地區出現八個新興獨立國家，烏克蘭及波羅的海三國也不再奉莫斯科為正朔。目前的大態勢是：歐洲聯盟及北約組織東向擴張、中國寖寖然有稱霸的野心，伊斯蘭世界也不願在國際舞台缺席，美國在歐亞大陸東、西兩翼如何結合日本及德國，做為新秩序的大支柱，保持穩定、繁榮的和平之局，就成了國際戰略家的重要議題。布氏新作正是一份適時、夠份量的作品，足供有心人士參考。

台灣在美國的全球戰略大思考裡，不會是一個「極重要」的因素，但是也絕對不是完全沒有份量的一個因素。布里辛斯基就不敢斷然排除台灣具備樞紐地位的潛在可能性。關心台灣國際處境的人士或許可以藉這樣一本宏觀鳥瞰全球大態勢的書本，思考台灣跨世紀的大戰略。

本書承國際關係學者蘇起、陳必照兩位博士惠賜推介序文，隆情高誼，至為銘感。但是如果譯作有任何乖誤，其咎應該在我身上。

一九九八年三月二十九日於陽明山怡秋小築

大國政治

〈前言〉／布里辛斯基

自從各大洲開始政治互動關係以來，大約五百年前，歐亞大陸成為世界權力中心。歐亞大陸居民（絕大多數是西歐邊陲居民）在不同時間，以不同方式穿透，並主宰世界其他區域，成為獲致特殊地位的個別歐亞國家，及享有成為世界主要大國的特權。

二十世紀最後十年，世界事務產生結構上的變化。一個非歐亞大陸的國家破天荒崛起，不僅成為歐亞權力關係的關鍵仲裁人，還成為世界最強盛的大國。蘇聯的崩潰是西半球大國——美國快速竄升，成為第一個真正全球大國的第一步。

然而，歐亞大陸仍維持住地緣政治上的重要性，不僅它的西側（歐洲）依然有許多世界政治、經濟大國，它的東側（亞洲）最近亦成為經濟成長的重要中心，而且政治影響力也逐漸昇高。因此，與全球皆有關係的美國如何因應複雜的歐亞權力關係此一議題——特別是它能否制止出現一個有支配力的、敵對的歐亞大國——仍是美國獨領全球風騷的關鍵。

換言之，除了開發諸如技術、通訊、資訊以及貿易及金融等種種新領域的權力之外，美國外交政策必須保持對地緣政治層面的關切，必須善用它在歐亞大陸的影響力，以創造出穩定的大陸均勢，由美國擔綱擔任政治的仲裁人。

歐亞大陸因此可謂是一個大棋盤，全球盟主地位誰屬，在此決定；這個至尊盟主之爭涉及到地緣戰略——也就是地緣政治利益的戰略性管理。一九四〇年，有心爭奪全球盟主的希特勒和史達林曾在當年十一月秘密磋商，明白地一致認為應該把美國排除在歐亞權力關係之外。他們兩人都體會到美國勢力如介入歐亞權力關係，將阻礙其全球霸權的野心。他們兩人都認定，歐亞大陸是世界重心，誰能掌握歐亞大陸，就能掌握全世界。經歷了半個世紀之後，這個議題被重新界定為：美國在歐亞權力關係的盟主地位能持續嗎？它將運用到什麼方向？

美國政策的終極目標應該良性且具前瞻性：應該要建構真正合作的全球社區關係，維持人類長程趨勢及基本利益。但是在此同時，歐亞大陸亦不能再出現一個挑戰者，足可主宰歐亞大陸，並進而向美國挑戰的大國。因此，本書的目的旨在界定一個完整、統合的歐亞地緣戰略。

一九九七年四月於華府

大棋盤：全球戰略大思考
The Grand Chessboard

【目錄】本書總頁數共312頁

新型霸權
Hegemony of a New Type

霸權的歷史與人類一樣悠久。美國目前的全球盟主地位，在其快速崛起、勢力遍及全球每個角落，及其運用影響力的方式上，都與其他霸權殊異。在一個世紀的時間裡，美國就自我轉型——也受到國際動態關係之影響而轉型，由一個相對孤立在西半球的國家，成為一個史無前例勢力無遠弗屆的全球至尊。

一八九八年美西戰爭是美國第一次出洋征戰，使得美國勢力伸入太平洋，跨越夏威夷、遠達菲律賓。世紀之交，美國戰略家已經忙於開發一套兩洋海上霸權的理論；美國海軍也開始挑戰英國「統治海浪」的理論。美國在十九世紀公布門羅主義，自命為西半球安全獨一無二的防衛者，其後更以美國有「明白的命運」自許，力阻其他勢力伸入西半球；後來，興建巴拿馬運河，更有助美國海軍進出大西洋及太平洋，兼扼兩洋霸業。

美國地緣政治野心能擴張，基礎建立在其國家經濟能迅速工業化上面。在第一次世界大戰爆發前夕，美國經濟力量已經成長到佔全球國民生產毛額（GNP）總和的約三三%左右，取代英國成為世界領先的工業大國。這種可觀的經濟活力是由有利於實驗與創新的文化所培養。美國的政治體制及自由市場經濟替雄心勃勃、不執迷教條的創新發明人創造出史無前例的機會，他們在追求個人夢想時，不會受到陳舊的特權或僵硬的社會層級之局限。簡而言之，美國文化非常適合經濟成長，能夠吸引並迅速融和來自其他國家的才俊人士，此一文化亦加速國力之擴張。

第一次世界大戰，美國首度把軍力大規模投注到歐洲。在此之前相當孤立的美國，迅速運送數十萬部隊跨越大西洋——這個越洋遠征軍的規模巨大，史無前例，象徵著國際境域出現一個新的大國。同樣重要的是，第一次世界大戰亦促使美國第一次提出一項重大外交作為，欲運用美國原則替歐洲的國際問題尋求解決之道。威爾遜總統的「十四點原則」代表美國理想主義，在美國實力做後盾下，投注進歐洲的地緣政治（十五年之前，美國扮演主要角色，調停俄羅斯及日本之間的遠東衝突，因此展示出其國際地位的上升）。美國理想主義及美國實力的融和，使全世界都注意到它的存在。

然而，嚴格說來，第一次世界大戰基本上還是一場歐洲戰爭，不是全球大戰。但是，它的自我毀滅之特質代表著歐洲政治、經濟和文化優於世界各國的局面已經完結。戰爭過程裡，歐洲沒有一個單一國家能決定性地佔上風，而且戰爭的結果受到美國這個新興的非歐洲大國介入的重大影響。因此，歐洲逐漸成為全球權力政治的標的，而非主體。

然而，美國全球領導地位只是曇花一現，並未使它持續介入世界事務，它迅速退回到自我滿足的結合孤立主義及理想主義之境界。雖然到了一九二〇年代中期及三〇年代初期，極權主義已在歐洲大陸聲勢鼎盛，美國此時亦已建立超越英國海軍的兩洋艦隊，但是依然未積極介入，它寧願在全球政治扮演旁觀者。

跟這個特質一致的是美國的安全觀，它以美國是個大陸島的觀點為基礎。美國的戰略以庇護海岸為焦點，因此其範疇狹窄，只以國境安全為念，不太考量到國際或全球局勢。國際間的主角仍是歐洲列強及新興的日本。

第二次世界大戰才是真正的第一次全球戰爭，在整個過程中，世界政治的歐洲時代終於完結。交戰國家同時在三大洲作戰，大西洋及太平洋均發生激烈交戰；戰火延燒全球最具象徵意義者是，英國及日本分別是邊陲地位的西歐島國及東亞島國，其士卒卻在距其本國數千英里之遙的印、緬邊境做殊死戰！歐洲和亞洲變成單一的一個戰場。

雙雄爭輝

如果第二次世界大戰以納粹德國清楚獲勝為結局，則可能出現一個單一的歐洲國家為全球盟主的局面。(日本在太平洋得勝，可使它在遠東稱霸，但充其量日本還只是一個區域性的霸權。)可是，德國大體上是因歐洲以外的兩個大國——美國及蘇聯的參戰而遭到失敗。美、蘇兩國因此承繼了歐洲稱霸全球的未竟之夢。

戰後五十年是美、蘇兩極競逐全球霸業的局面。就某些方面來說，美國與蘇聯之間爭霸代表著地緣政治家最鍾愛的理論之實現：掌控大西洋及太平洋的海權大國，及獨步歐亞大陸內地的陸權大國，雙雄爭輝（中、蘇集團統治的轄區非常近似蒙古帝國的領土範圍）。

地緣政治的層面再清楚不過：北美洲與歐亞大陸抗衡，爭奪全球盟主地位，勝者將真正主宰全球。一旦勝負分明，天下定於一尊。

每一方都向全世界提出充滿歷史樂觀主義的意識型態訴求，除強化己方必然勝利的信念外，也合理化本身的運作。每一方都在自己的範圍內明白居於主宰地位——這一點與亟求全球霸業的其他帝制歐洲國家不同，它們從來未能在歐洲本身範圍內確立決定性的優勢。美、蘇雙方亦各自運用其意識型態強化對自身屬國的掌握，令人想起宗教戰爭時期的狀況。

全球地緣政治範疇廣袤，加上雙方教條互相宣稱舉世通行，使得競爭空前地激烈。另一個也具備全球影響的因素，則使得競爭真正獨特。核子武器的出現，表示兩大競爭者之間若是發生正面對衝的戰爭，將不僅是相互毀滅，也將導致相當比例的人類致命浩劫。因此，衝突的強度同時受到雙方極度的自制。

就地緣政治領域而言，衝突大體上發生在歐亞大陸本身的周邊地區。中、蘇集團稱霸歐亞大陸，但並未掌控住周邊地區。北美集團成功地在歐亞大陸的極西海岸及極東海岸奠立地位。這些大陸橋頭堡的防衛（在西方「前線」以柏林封鎖為最顯著例子，在東方前線則以韓戰為代表），遂成為所謂冷戰的第一個戰略性考驗。

第三道防衛「前線」

到了冷戰末期，歐亞大陸南緣出現第三道防衛「前線」（詳見第七頁地圖）。蘇聯侵犯阿富汗，導致美國採取兩大對應措施：美方直接援助阿富汗本土抵抗運動，以便牽制住蘇聯兵力；同時在波斯灣大規模部署美國軍力，阻止蘇聯政治、軍事力量南進。美國投注進波斯灣區域之防務，把它擺在與美國在歐亞大陸西翼及東翼之安全利益同等地位上。

北美集團成功地圍堵住歐亞集團企圖實際掌控全部歐亞大陸的野心，雙方都因擔心核子戰爭的兇險，非到最後關頭不敢直接兵戎相見，意味著競爭的結果最後將以非軍事手段來決定。政治上的活力、意識型態的彈性、經濟上的動力及文化上的吸引力，都成了決定性的領域。

以美國為首的同盟保持住團結一致，可是中蘇集團卻在不到二十年之內就分裂。其中部分原因是民主國家集團較有彈性，共產主義陣營則階層森嚴、教條僵硬。前者有共同的價值觀，卻沒有正式的理論形式。後者強調教條的正統性，只能有一個詮釋中心。美國的屬國實力遠不及美國，蘇聯卻不能一直把中國當成部屬指揮，另一部分原因出在美方經濟上、技術上都比較活潑、有動力，蘇聯則逐漸停滯，在經濟成長或軍事技術上都不能有效

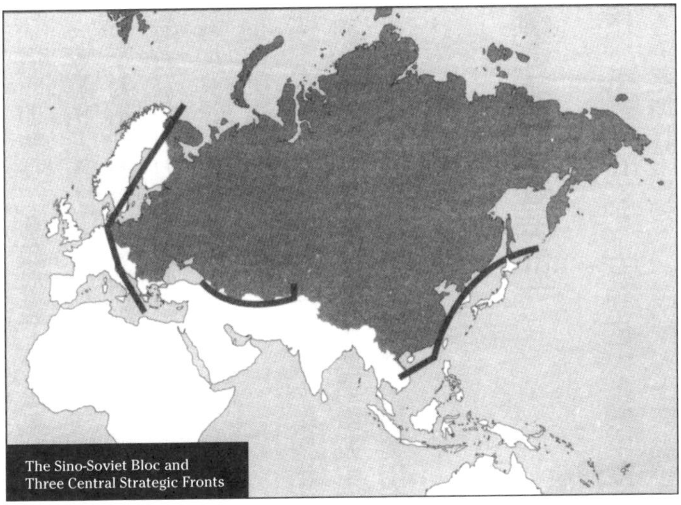

中蘇集團及世界三大戰略前線

競爭。經濟式微隨即助長了意識型態上的士氣消沉。

事實上，蘇聯的軍事力量及它在西方人士間激生的恐懼，長期以來隱晦了兩大競爭陣營之間基本上不對稱的事實。美國較為富裕，技術上遠為先進、軍事上較有彈性及創意、社會上有創造力及吸引力。意識型態上的限制，也傷害到蘇聯的創造潛力，使其制度越加僵化、經濟越加浪費、技術競爭力日趨下游。只要不爆發相互毀滅的大戰，競爭拖久了，天平終究會倒向美國得勝這一邊。

最後結果亦受到文化因素極大的影響。美國領導的同盟大致上都正面接受美國政治及社會文化上的許多特性。美國在歐亞大陸西翼及東翼的兩個最重要盟國——德國及日本，都恢復其經濟實力，並且毫無保留地崇拜一切美國事物。美國被普遍認為代表未來前景，是值得崇拜、效法的社會。

中亞各民族走向「去殖民化」

相形之下，俄羅斯在文化上受到絕大多數中歐屬國的輕視，甚且其東方盟國——中國越來越有信心，更加瞧不起它。對中歐人士來說，俄羅斯霸權代表中歐孤立於其哲學及文化故鄉——西歐及其基督教宗教傳統之外。更糟的是，它代表受到中歐人認為文化低劣（此一主張未必公允）的民族之宰制。

中國人把俄羅斯視為窮山惡水之地，更公然瞧不起它。雖然初期中國人只是悄悄對莫斯科聲稱蘇維埃模式可以普遍適用各國不以為然，在中國共產黨革命成功後的十年之內，他們就對莫斯科的意識型態優勢地位發起挑戰，甚至開始公然表明其傳統上輕蔑北方蠻夷鄰國的態度。

最後，蘇聯境內本身有五〇%非俄羅斯人的人口，也排斥莫斯科的主宰。非俄羅斯人政治上逐漸覺醒，意謂著烏克蘭人、喬治亞人、亞美尼亞人和亞塞拜然人開始把蘇聯勢力視為某種外來政權帝國主義式的主宰，而且這個外來政權民族在文化上並沒有更高明。在中亞地區，民族意識或許較弱，但這些人卻受到越來越上升的伊斯蘭認同意識的激勵，而且由於曉得各地都走向「去殖民化」(decolonization)，這種意識益發上升。

蘇聯與從前許多帝國一樣，終於自內部瓦解，未必因直接軍事挫敗所致，卻因經濟及社會緊張而加速分裂。蘇聯的命運證實了一位學者下述允當的觀察。他說：

> 帝國天生就在政治上不會穩定，因為臣屬單位幾乎一直傾向追求更大的自主，而這類單位的反抗菁英也一直伺機爭取更大的自主。在這層意義上，帝國並不中衰，而是瓦解，通常過程很遲緩，但有時候卻十分迅速。①

美國因其對手崩垮而處於獨特地位。它不但成為第一個道道地地的全球大國，同時也成為唯一一個真正的全球盟主。可是，美國獨霸全球令人想到過去的帝國，雖然他們的地理範圍可能沒如此廣大。這些舊日帝國的權力架構大約是建立在屬國、進貢國、保護國及殖民地這樣的階層基礎之上，越在外圍的國家一般視同蠻夷之邦。在某種程度上，就目前在美國陣營內的若干國家而言，這個不合時代的名詞不見得就全然不恰當。與過去相似，美國之能運用「帝國」勢力大致上是源自於組織精進，有能力為軍事目的迅捷動員龐大的經濟及技術資源，美國生活方式具有重大文化吸引力、美國社會及政治菁英全然活力充沛、天生具有競爭力。

羅馬帝國

從前的帝國也多少具備這些特性。筆者首先就想到羅馬。羅馬帝國花了將近兩百五十年時間才建立起來，它一再向北方擴張領土、次向西方及東南方擴張領土，並且實質掌控住整個地中海海岸線的航運交通。就版圖範圍而言，它大約在西元二一一年時國勢最為鼎盛（詳見第十一頁地圖）。羅馬帝國是個中央集權政體，也是單一的自給自足經濟體。它的

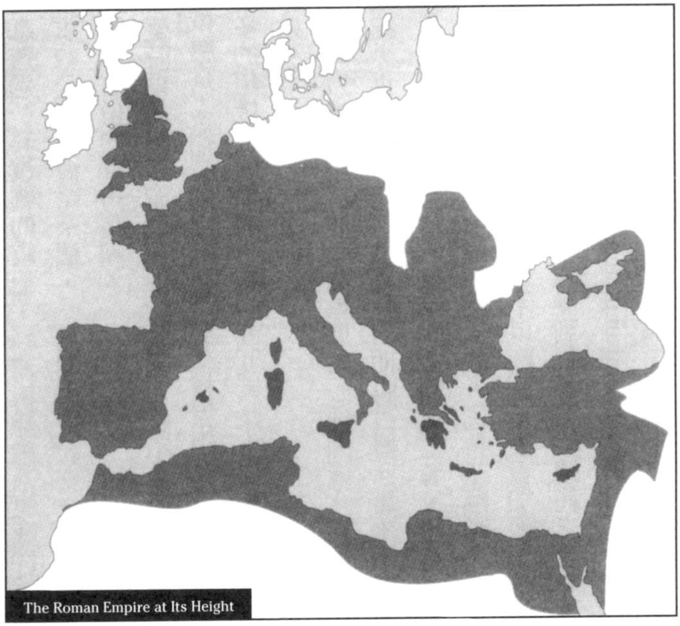
The Roman Empire at Its Height

全盛時期的羅馬帝國

帝國勢力刻意透過一套複雜的政治、經濟組織體系來運行。它由首都為出發點，設計一套符合戰略需求的公路及海路系統，一旦發生重大安全威脅時，可以迅速重新部署或集中分駐在各個屬國及省份的羅馬兵團。

帝國鼎盛時期，羅馬派駐在外的兵團人數不少於三十萬人——這支軍隊由於羅馬人戰術高超、軍械精良，更加上由中央有能力直接相當快速部署，而威力十足（值得注意的是，人口更加眾多的超級大國美國，在一九九六年為保護其霸業外緣，在海外派駐二十九萬六千名職業士兵）。

羅馬的帝國力量亦源自於一個重要的心理因素。「我是羅馬公民」是最高的自我界定，是驕傲的起源，也是許多人朝思暮想的期盼目標。最後，即使不生在羅馬的人也可賜予公民地位，羅馬公民地位崇高代表著文化上高人一等，也符合帝國力量的使命感。它不僅合法化羅馬的統治，也誘導受到羅馬統治的人民希望融和、納入帝國架構。文化上的高超，統治者視為天經地義，被征服者亦予以默認，遂更加強化帝國力量。

這個至尊的帝國勢力大體上未受到挑釁，持續約三百年之久。除了一度受到鄰近的迦太基，以及東緣的巴錫恩帝國（Parthian Empire，譯註：今伊朗東北部、裏海東南方一古國）威脅之外，外在世界大體上是蠻夷之邦、組織不良、絕大多數時間僅能間歇性進擊，文化上則明顯低劣。只要羅馬帝國能維持內部活力及團結，外在世界並無競爭力。

羅馬帝國覆亡有三大因素。第一，帝國版圖擴大，以致無法由單一中心統治管理；但是帝國分為東、西兩部分之後，卻自動破壞掉其權力的獨佔特質。第二，與此同時，帝制盛世持久，也產生文化上的享樂主義，逐漸傷害到政治菁英的進取心。第三，持續的通貨膨脹也傷害到制度不要求社會犧牲（老百姓也不再有意願犧牲）而自給自足的能力。文化中衰、政治分化及金融上通貨膨脹，造成羅馬衰危，甚至其近鄰蠻夷都可能欺負它。

就當代標準而言，羅馬不算真正的全球大國，而只是區域性大國。然而，就當時全球各大洲之間彼此孤立的狀況而言，羅馬帝國的區域權力已是自足型、遠近皆無敵手。羅馬帝國因此自成一個世界，政治組織完善、文化又高超，使它成為後代地理版圖更大的帝國之先驅。

中國的大漢帝國

縱使如此，羅馬帝國並不算當時獨一無二的帝國。羅馬與中華帝國幾乎同時興起，只是彼此不知有另一帝國的存在罷了。秦國在西元前二二一年（即羅馬與迦太基之間進行布匿克戰爭之時，譯按：羅馬與迦太基共發生三次布匿克戰爭，時間分別是西元前二六四至二四一年，二一八至二〇一年，及一四九至一四六年，迦太基亡國，羅馬奠定帝國基業）

統一六國，建立第一個中華帝國，並且在華北興建長城，阻絕帝國及北方蠻夷。繼秦之後的大漢帝國約在西元前一四〇年國勢興盛，其版圖及組織更令人嘆為觀止。在基督教時代開始之際，大漢帝國臣民已不下於五千七百萬人。這麼龐大的數目本身已經史無前例，更證實了它透過集中、威權的官僚體制，建立的中央集權管理相當有效。帝國擴張到今天的韓國、部分蒙古、以及絕大部分今天的中國沿海省份。然而，大漢帝國與羅馬一樣，不免發生內部弊端，終於在西元二二〇年分裂為三國而告覆亡。

中國此後的歷史是統一與擴張、衰微與分裂，盛衰興替。中國一再成功地建立自足、孤立、沒有外來有組織的強敵挑戰的帝國。三國分立的局面擾攘到西元五八九年，又由類似帝國的新朝代統一。但是，中國最偉大的帝制盛世是在滿洲人治下的清朝，尤其是清初盛世，文治武功獨步東亞。到了十八世紀，中國再次成為鼎盛帝國，帝國中心的外圍是今天的韓國、中南半島、泰國、緬甸和尼泊爾等屬國及進貢國。中國的版圖由今天的俄羅斯遠東省，橫跨南西伯利亞直抵貝加爾湖，轉至今天的哈薩克共和國，再往南到印度洋，向東越過寮國及北越。（參見第十五頁地圖）

與羅馬的案例相似，大清帝國是一個非常複雜的金融、經濟、教育和安全組織。它透過下述手法控制龐大的領土及轄內三億多人口，譬如它強調中央集權的政治威權、以一個非常高效率的傳驛服務做支援。整個帝國劃分為四大區，由北京為中心，以傳驛能在一星

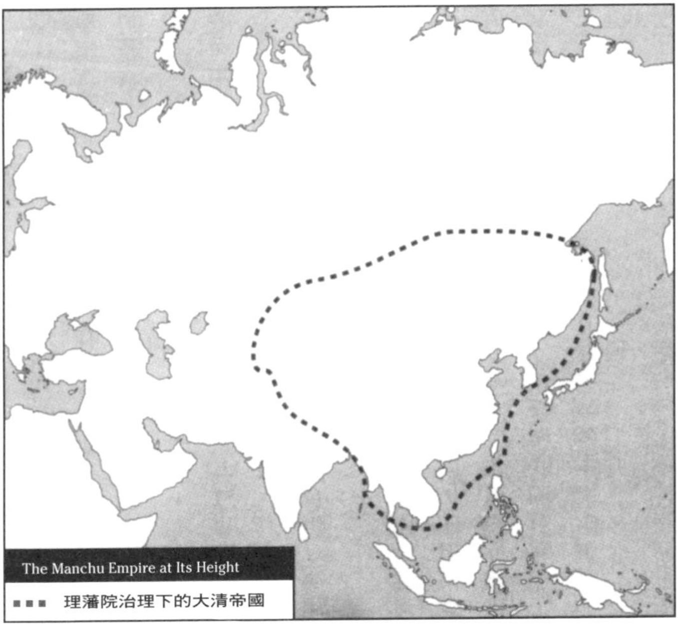

全盛時期的大清帝國

期、二星期、三星期及四星期快馬抵達為區分。經過激烈科舉考試甄才、接受專業訓練養成的中央集權官僚體制，提供團結的力量泉源。

國家的團結也同樣好比羅馬，受到強烈深入人心的文化優越感之強化、合法化所支撐。而且強調和諧、階層分明及紀律森嚴的儒家思想，亦有助於帝制。中國天朝被視為宇宙中心，蠻夷散居在帝國邊緣，以及化外之地。做為華夏臣民即是文明開化，因此全世界都應順服尊重中國。十八世紀末期，中國已逐漸式微之際，英王喬治三世派出特使來華，獻給清帝若干英國工業產品為禮物，企圖誘使中國同意建立雙邊貿易關係，清帝回覆英王的諭告依然充滿上國意識。

中國若干朝代之覆亡主要也是由於內部因素而起。蒙古及日後東夷猖獗，是因為內部衰弱、腐化、耽於逸樂、喪失經濟及軍事創造力，使得帝國土崩瓦解加速。外來列強開始利用中國內部弊端——英國在一八三九至四二年以鴉片戰爭逼迫清朝開啟門戶，日本也在一個世紀之後對華侵略——因而造成文化受辱的深沉感覺，令中國人在整個二十世紀悸動不已，由於深鐫人心的文化優越感及後帝制的中國之實際政治地位低下，產生激烈衝突，令中國人的羞辱感益加深刻。

與羅馬的狀況大致一樣，中華帝國今天也只能列為區域性強權。但是當中國最為鼎盛之際，它可以睥睨全球，沒有其他強國有能力挑戰其帝國地位，倘若中國有心進一步擴張，也沒有其他國家有能力抵抗。中華帝國是自給自足的，主要以共同的種族意識為基礎，不太把中央威權強加在異族或地理上周邊的屬國身上。

中國以漢族為核心，人數超過其他族裔許多，使它能間斷地恢復帝國。就這一點而言，中國與其他帝國大為殊異，其他的帝國往往是由人數不多、但受到霸業雄心激勵，一時能對為數相當大的異族建立統治權。然而，一旦這個小核心民族的帝國之統治動搖，就不再可能重建帝國。

蒙古帝國

因此要找到能與今天的全球強權定義更貼切的對比，我們必須轉向蒙古帝國。蒙古透過與組織精良的大敵激烈鬥爭，才建立帝國。遭到它擊敗的國家包括：波蘭王國、匈牙利王國、神聖羅馬帝國、若干俄羅斯及俄屬公國、巴格達哈里發，最後，中國的宋朝也亡於蒙古鐵騎之下。

成吉思汗及其子裔擊敗其區域性敵手，在後日地緣政治學者稱之為全球心臟地帶，或世界權力樞紐的地帶，建立起中央集權的統治。蒙古的歐亞大陸帝國東起中國海之濱，西迄今天小亞細亞的安那托利亞及中歐（參見第十八頁地圖）。要到史達林主義的中蘇集團鼎

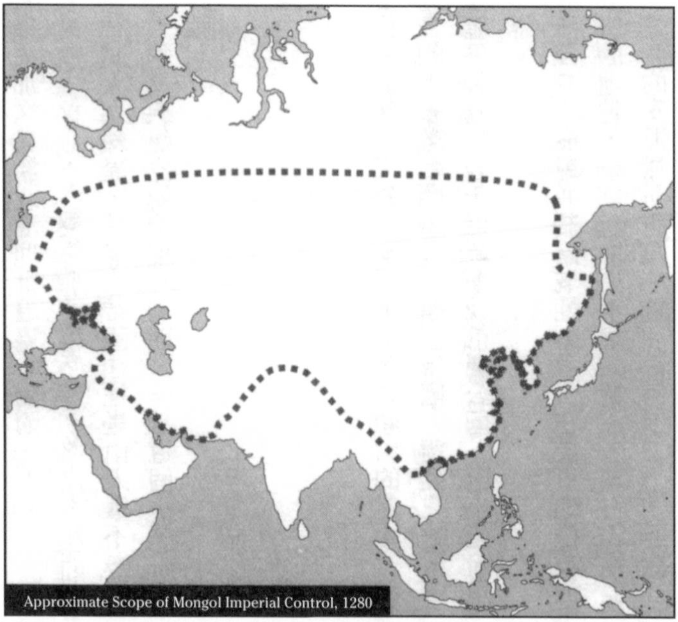

1280 年蒙古帝國大致之版圖

盛之日，才出現一個可以與跨歐亞大陸的蒙古帝國差堪比擬的強權，由它集中掌控的領土範圍大致相彷彿。

羅馬、中國及蒙古帝國乃是日後欲爭取全球霸主地位各國的區域性先驅。如前文所述，羅馬及中國的帝國架構在政治上及經濟上都已高度發展，普遍承認中央的文化優越，也是重要的凝聚因素。相形之下，蒙古帝國則較倚重直接的軍事征服、再以接納地方情況（甚至融和）來支撐其政治控制。

蒙古帝國大致上是以軍事霸權為基礎。它有能力迅速動員兵力、及時集結，戰術運用靈敏、殘暴，建立霸業，但是卻沒有繼而組建經濟或金融制度，也沒有強調文化優越感。蒙古統治者人數太少，不足以構成世代綿延的統治階級，而且欠缺自我醒悟的文化或種族優越感，也使帝國菁英喪失亟需的主觀信心。

事實上，蒙古統治者滿容易接受被他們所征服的文化先進民族之逐步融和。因此，成吉思汗的一個孫子在成為中國皇帝後，成為儒家思想的狂熱鼓吹者；另一個孫子在成為波斯蘇丹之後，變成虔誠的穆斯林；還有一位孫子統治中亞，則在文化上接納波斯文化。

由於缺乏強勢政治文化，統治者在文化上被受統治者融和，這個因素再加上繼承大汗的問題一直沒有得到解決，造成蒙古帝國終於傾頹。蒙古領土擴張得太大，無法由一個單一的中心發號施令統治，於是他們把帝國分為幾個自給自足的單元統治；不料這個對策卻加速當地之融和，也加速帝國之瓦解。經過約兩個世紀（由西元一二〇六年至一四〇五年），這個全世界最大的陸權帝國竟然消失得無影無踪！

歐洲大陸強權各有一片天

此後，歐洲成為全球大國的所在地，也成為全球大國主要鬥爭之焦點。的確，在大約三百年的時間裡，歐亞大陸小小的西北邊陲藉由海權擴張，有史以來第一次在全球稱雄，凡歐洲勢力所至，全球各大洲無不望風披靡。值得注意的是，西歐帝國霸主人口並不眾多，尤其是與受征服的國家之人口相比，更是稀少。可是，到了二十世紀開始，在西半球（兩百年前也受到西歐國家控制，其絕大多數居民是歐洲移民及其子嗣）以外，只有中國、俄羅斯、鄂圖曼帝國以及衣索匹亞，不受西歐統治。（參見第二十一頁地圖）

然而，西歐稱霸並不等同於西歐躍為全球強權。基本事實是歐洲文明獨步全球，可是歐洲大陸強權卻各有一片天。不像蒙古人或其後的俄羅斯帝國征服歐亞大陸內地，歐洲藉由不斷地跨洋探險及擴張海上貿易而成就海外帝國主義。然而，這個過程亦涉及到歐洲幾個大國持續不斷的鬥爭，不僅爭海外霸業，也爭在歐洲內部的霸主地位。就地緣政治的結果而言，歐洲的全球霸業並非源自任何一個歐洲大國在歐洲獨尊的結果。

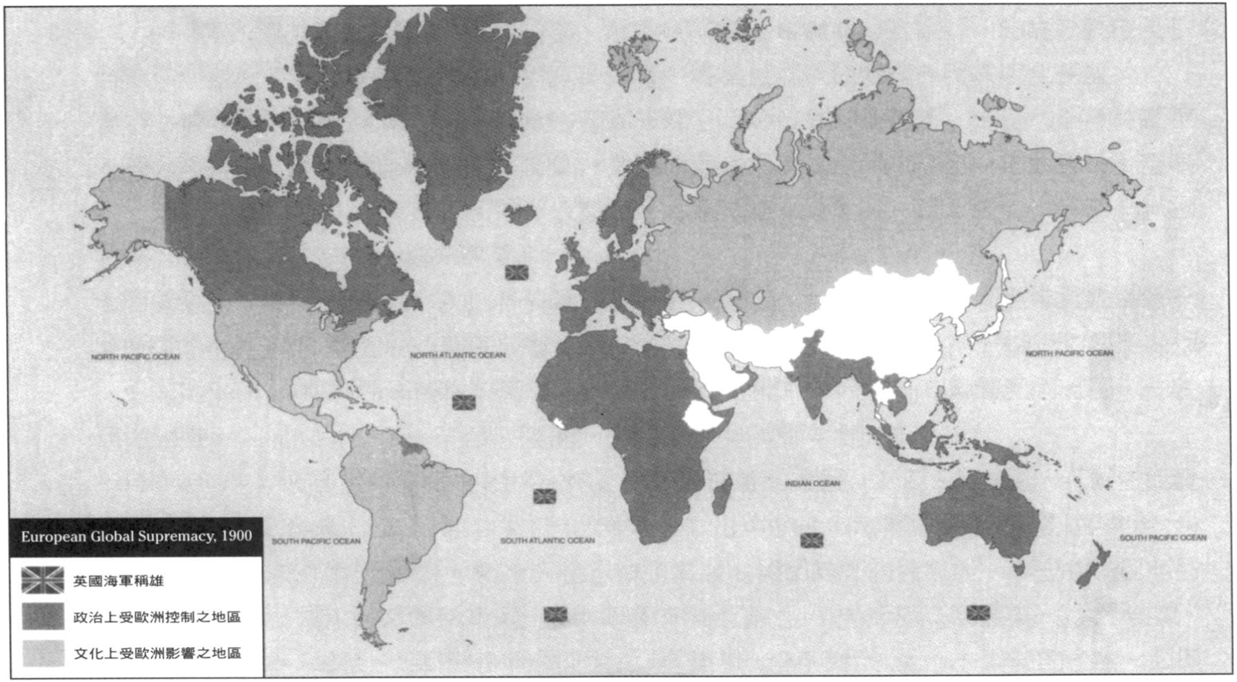

1900 年歐洲在全球的優勢地位

廣義而言，直到十七世紀中葉，西班牙是歐洲勢力最盛的大國。十五世紀末葉，西班牙已崛起成為一個主要的海外帝國，具有稱雄全球的野心。宗教信仰扮演團結人心的理論，也是帝國使命感狂熱的源頭。教皇出面仲裁西班牙及其海權敵手葡萄牙，分別在一四九四年及一五二九年簽訂陶狄西拉條約（Treaty of Tordesilla）及薩拉戈沙條約（Treaty of Saragossa），正式劃定全球為西班牙及葡萄牙的殖民勢力範圍。然而，在英國、法國和荷蘭相繼挑戰下，西班牙從來不能真正稱霸，在西歐本身或海外都不行。

西班牙的優勢地位逐漸被法國取代。直到一八一五年，法國是主導歐洲的大國，不過仍然持續受到其歐洲對手在歐陸及海外予以制衡。法國在拿破崙領導下，幾乎在歐洲建立真正霸權。如果法國成功，它可能也獲得全球霸主地位。然而，法國被歐洲各國結盟聯手擊潰，歐洲大陸的均勢必須重新建立。

此後一個世紀，直到第一次世界大戰前，英國稱霸全球海洋，倫敦成為全世界主要的金融及貿易中心，英國海軍「統治海浪」。英國明顯在海外居於強盛地位，但是與早先期待建立全球霸業的歐洲國家一樣，大英帝國無法靠一己之力量主宰歐洲。英國必須依靠錯綜複雜的均勢外交，甚至還得靠英、法同盟來制止歐洲大陸受到俄羅斯或德國的主宰。

英國海外殖民帝國起初是透過探險、貿易及征戰，多管齊下而建立。但是與羅馬或中國先行者一樣，與法國及西班牙敵手也無不同，英國也自英國文化優越此一認知，獲致極大力量。文化優越感不僅是大英帝國統治階級主觀上的傲慢，也是許多非英國人臣民共有的一種意識。南非第一個黑人總統曼德拉就說：「我在英國學校受教育，而成長期間，英國也是全世界第一流事物的本國。我並未拋棄掉英國及英國歷史與文化加諸我們的影響。」文化的優越性具有降低依賴大規模兵力以維持帝國中心權力的效果，到了一九一四年，英國只靠幾千名軍人及文官就控制了約一千一百萬平方英里、幾乎四億非英國人的人口。（參見第二十四頁地圖）

簡單地說，羅馬大體上透過卓越的軍事組織及文化訴求，執行其統治。中國非常倚重有效率的官僚制度去統治其帝國，而且其帝國以共同的種族意識為基礎，更透過高度發展的文化優越優勢來強化其控制。蒙古帝國則結合先進的軍事征戰戰術，以及融和受治民族之文化，做為統治基礎。英國（以及西班牙、荷蘭和法國）的國勢發展以貿易為先鋒，一樣藉由卓越的軍事組織及文化意識而加強其控制。但是，這些帝國沒有一個真正稱得上全球盟主。即使英國也不是真正的全球大國，它沒有控制歐洲，只是牽制住歐洲。歐洲穩定攸關英國國際霸業，歐洲自我毀滅無可避免地註記著英國優勢地位的終結。

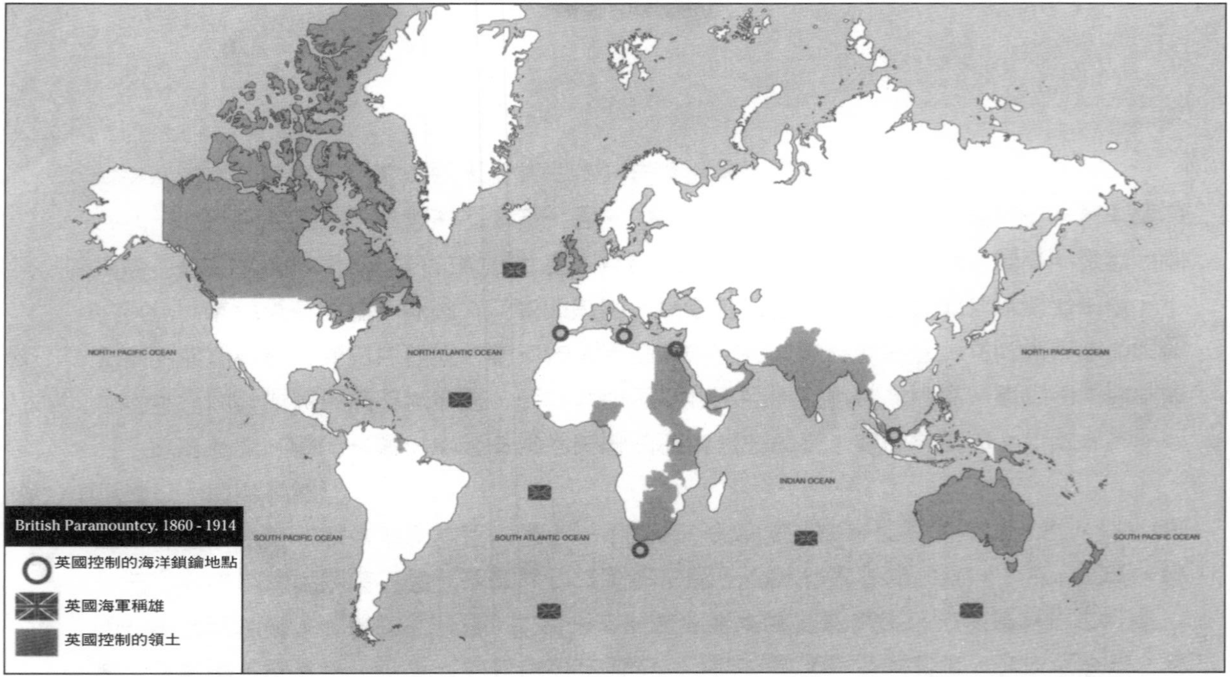

全盛時期的大英帝國（1860-1914 年）

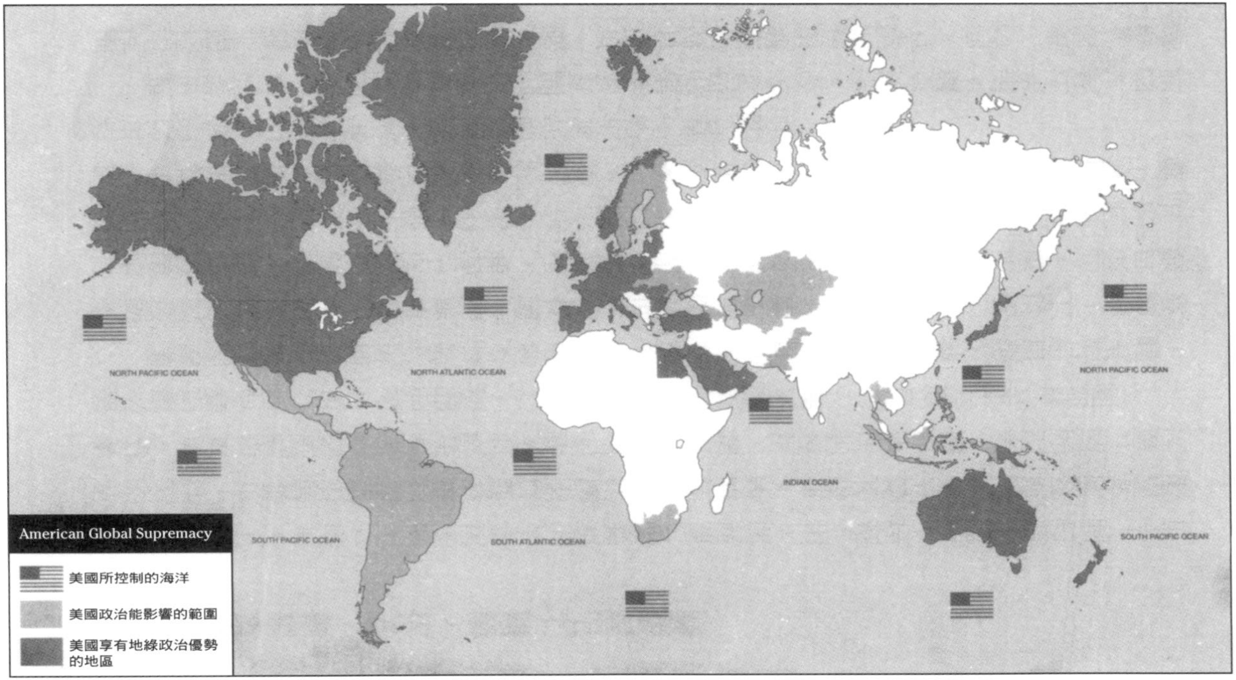

American Global Supremacy
美國所控制的海洋
美國政治能影響的範圍
美國享有地緣政治優勢的地區
NORTH PACIFIC OCEAN
NORTH ATLANTIC OCEAN
NORTH PACIFIC OCEAN
INDIAN OCEAN
SOUTH PACIFIC OCEAN
SOUTH ATLANTIC OCEAN
SOUTH PACIFIC OCEAN

美國全球優勢地位

美國在軍事技術、文化、經濟上占有優勢

相形之下，美國今天的全球勢力遍布範圍之廣與深，相當獨特。美國不僅控制了全世界的海洋，也發展出堅強的軍力能以兩棲作戰掌控海岸，並將其勢力伸入內地發揮政治影響力。美軍部隊堅強地部署在歐亞大陸的西端及東端，也控制住波斯灣。美國的部分屬國還渴望與華府建立更正式的關係，它們散布在整個歐亞大陸。(參見第二十五頁地圖)

美國的經濟活力提供它做為全球盟主的必要先決條件。第二次世界大戰甫告結束時，美國經濟力獨步天下，單單美國一國就佔全世界國民生產毛額總和的五〇%以上，西歐及日本經濟復甦、亞洲經濟活力勃興，代表美國佔世界國民生產毛額總和的比重，必須自戰後初期高得出奇的尖峰下降。不過，在冷戰結束之時，美國佔世界國民生產毛額總和的比重，尤其是它在全世界製造業產值的比重，已穩定在約三〇%左右；除了第二次世界大戰結束後頭幾年的例外情況，這個比例在本世紀一直是如此。

更重要的是，美國基於軍事目的開發最先進的科學突破，維持並擴大領先之勢，因此創造出技術上無以倫比的軍事組織，唯一可以有效在全球用兵的軍力。同時，美國在經濟上有決定性力量的資訊技術上，亦一直保持強大的競爭優勢。美國精通明日產業，也代表

其技術優勢不會立刻被超越，尤其是在經濟上有決定性的領域，美國正維持或擴大它與西歐及日本對手在生產力方面的優勢。

我們可以肯定地說，俄羅斯及中國是怨妬美國霸權的大國。一九九六年初，俄羅斯總統葉爾辛訪問北京時，中、俄即對此有一聯合聲明。甚且，它們擁有核子武器，可以威脅到美國的重大利益。但殘酷的事實是，在目前、乃至可預見的將來，雖然它們可以發起自殺式的核子戰爭，兩者任何之一都不可能勝利。缺乏遠距派兵、遂行政治意志的能力，而且技術上遠遠落後美國，它們沒有力量在全球發揮持久的政治影響。

簡而言之，美國在四大決定性的領域具有獨尊地位：軍事上，它可以伸展到全球各地，無人可以企及；經濟上，它依然是全球成長的主要火車頭，即使有部分產業受到日本及德國挑戰（日、德都還不具備其他全球實力之特質）；技術上，它在創新上維持住全面領先優勢；文化上，雖然略有笨拙，它的吸引力卻無與倫比，尤其全世界青年都著迷美式大眾文化——以上種種使美國具備其他國家無法比擬的政治影響力。美國綜合上述四大領域優勢，成為唯一全面的全球超級大國。

雖然美國的國際優勢無可避免地使人連想到它與早先的帝國體制之相似性，其差異性其實更加根本。差異不只限於領土範圍，美國藉由忠實反映國內經驗而刻意設計的一種全球體制，運用其全球權力。美國此一國內經驗的重心是美國社會及其政治制度的多元性質。

早先的帝國多由貴族政治菁英所建立，絕大多數是由威權政體所統治。帝國絕大多數人民若非在政治上無足輕重，就早在近代，受到帝國主義情感及象徵之傳染。追求國家榮耀、「白人的負擔」、「文明的任務」，更不用說追求個人利益的機會——全都用來動員人民，支持帝國冒險，以及支撐基本上層級分明的帝國權力金字塔。

美國民眾傾向於與其他國家「分享」全球權力

美國民眾對於美國對外施展國威的態度，可謂喜惡兼具。民眾支持美國介入第二次世界大戰，大部分是因為日本偷襲珍珠港的震撼效果。美國陷入冷戰，早先只受到勉強支持，後來因柏林封鎖及韓戰爆發，才有了轉變。冷戰結束，美國崛起成為單一的世界強權，並未引起民眾竊喜，反而傾向於對美國的海外責任加以限制。一九九五年及一九九六年進行的民意測驗顯示，民眾傾向與其他國家「分享」全球權力，而不要獨佔全球大權。

由於這些國內因素，美國的全球體系強調合作的技術（就戰敗國德國及日本是如此，日後對俄羅斯亦是如此），比起原先的帝制還更重視。它也倚重間接對從屬的外國菁英施加影響力，並自其民主原則及體制儘量汲取利益。上述種種作為之外，美國主導全球通訊、大眾娛樂及大眾文化，享有巨大、無形的影響力，在技術優勢及全球軍力部署上亦具有潛在、有形的影響力。

文化優勢是美國全球權力受到低估的部門。不論你對其美學價值有何評價，美國的大眾文化具有磁性吸引力，全世界青少年尤其趨之若鶩。其吸引力可能源自它提出的生活方式具有享樂主義色彩，但畢竟不容否認它們已風靡全球。美國的電視節目及影片約佔全球市場的四分之三。美國大眾音樂也同樣搶盡鋒頭，美國的時尚、飲食習慣，甚至衣服穿著都受到全球仿效。國際網際網路使用的語言是英語，全球電腦通話絕大部分發自美國，影響到全球會話的內容。最後，美國成為追求深造教育的學子之麥加聖地，約有五十萬名外國學生擁入美國求學，其中許多一流人才自此滯留美國就業。全世界每一國家的內閣幾乎都可以找到美國大學畢業校友的身影。

美國政治領袖成為研究及模仿的對象

許多外國民主國家政客越來越喜歡模仿美式作風。不僅約翰·甘迺迪可在外國找到效仿者，晚近（甚至未必光彩的）美國政治領袖成為仔細研究及模仿的對象。文化背景南轅北轍的日本及英國之政客，都愛抄襲柯林頓總統的友善態度、平民作風和公共關係技巧（譬如，一九九〇年代中期的日本首相橋本龍太郎，以及英國首相東尼·布萊爾都是；請注意，

「東尼」就是抄襲自「吉米」卡特、「比爾」柯林頓及「鮑布」杜爾)。

民主政治的理想，加上美國的政治傳統，更進一步強化了若干人士認為美國具有「文化帝國主義」的意識。在最大規模宣傳民主政體的時代，美國的政治經驗往往成為效法的標準。全球宣傳成文憲法的重要、法治至上，可謂得自美國立憲主義的感召。近年來，前共產國家採納文職勝過軍人的作法（尤其是以它做為加入北大西洋公約組織會員國的先決條件），也是受到美國文、武官制關係的重大影響。

除了美國民主的政治制度有影響力及吸引力之外，美國創業家勇猛精進的經濟模式，強調全球自由貿易及無拘無束競爭，也日益有吸引力。西方福利國家開始失去經濟動力（德國都強調創業家及工會之間「共同決定」）之際，許多歐洲人表示，如果歐洲國家不想再繼續落後，就必須效法美國經濟文化中的競爭、無情手段。即使在日本，也逐漸承認在經濟行為中增加個人主義色彩，是經濟成功必然的附加物。

美國人強調政治民主和經濟發展，結合起來傳遞出許多人視為頗有吸引力的一個單純的意識型態訊息：追求個人成功，可以增強自由，並且產生財富。理想主義與自我意識結合，成為有用的結合，個人的自我實現據說是天賦的權利，它藉由立下模範及產生財富，同時可以造福他人。這個理論激勵精力充沛、雄心勃勃，以及有高度競爭力的人士。

世界逐漸流行效法美國方式之際，它創造出一個更適合間接運作美國霸權的環境。以美國國內制度的情況而言，霸權涉及到結合體制及程序的複雜架構，要產生共識、並降低權力及影響力的不匀稱。因此，美國的世界霸主地位受到遍布全球的一套同盟體系之支撐。

大西洋同盟以北約組織為具體組織，把歐洲最有生產力及影響力的國家，與美國結合起來，使美國在歐洲內部事務上也成為關鍵參與者。美國與日本的雙邊政治、軍事關係，把亞洲最強大的經濟體與美國結合起來，使日本（至少在現階段）基本上仍等於是美國的保護國。美國亦參加亞太經濟合作論壇（APEC）等泛太平洋新生多邊組織，使它成為此一區域事務的關鍵參與者。西半球一般不受到外界影響，使美國能在現有的西半球多邊組織中扮演中心角色。波斯灣的特殊安全安排，尤其是一九九一年短暫的懲戒伊拉克之役後，使得這個經濟上極為重要的區域成為美國軍事保護區。即使前蘇聯領域也被許多美國贊助的與北約組織增進合作之安排（如和平夥伴）所介入。

此外，我們亦必須把全球特殊組織網，如「國際」金融機構，視為美國體系的一部分。國際貨幣基金及世界銀行可以說是代表「全球」利益，它們的贊助者可以解釋為全世界各國。然而，實質上它們受到美國主宰，其起源可以追溯到美國發起，尤其是一九四四年的布列頓森林會議的決議。

不像從前的帝國，這個龐大、複雜的全球體系並非階層分明的金字塔。美國反而站在一個交織相連的宇宙之中心，權力透過持續不斷的交涉、對話、擴散及追求正式共識而運作，即使此一權力是來自華府此一來源也不例外。華府是權力遊戲的場域，而且必須按照美國的國內規則去玩此一權力遊戲。或許全世界對美國全球霸權民主過程的最高讚美，乃是外國也被牽引進入美國國內政治交涉，其程度深刻之至。外國政府盡其能力可及範圍，努力動員他們有共同種族或宗教關係的美國公民來支持他們。美國首都除了約有一千個外國特殊利益團體登記活動之外，許多外國政府也聘僱美國遊說代理人在國會替他們講話。美國少數民族社區亦設法影響美國外交政策，猶太裔、希臘裔及亞美尼亞裔是最有組織的遊說團體。

美國的優勢地位因此產生一個新的國際秩序，它不僅把美國制度本身的許多特點重覆，甚至還搬到國外予以制度化。基本特點包括：

- 集體安全制度，包括成立部隊統合指揮部（北約組織、美日安保條約等等）；
- 區域性的經濟合作（亞太經濟合作會議、北美自由貿易協定）、以及特定的全球合作機構（世界銀行、國際貨幣基金、世界貿易組織等）；
- 強調共識決的程序，即使美國佔主宰地位也不例外；
- 在關鍵的同盟關係內，偏重民主的會員體；
- 剛剛萌生的全球制憲及司法結構（由世界法院到成立特別法庭審理波士尼

亞戰爭罪行）。

這套體系絕大多數發生在冷戰時期，美國當時努力要圍堵其全球大敵蘇聯而有這些設計。因此一旦敵人傾覆，美國成為第一個、唯一一個全球大國時，它立刻可以搬到全球來運用。其本質，政治學者伊肯貝理(G. John Ikenberry)闡述得最中肯：

霸權集中在美國，反映出美國式的政治機制及組織原則。這個自由派的秩序是合法的，且有互惠的互動關係。歐洲人〔或許我們還可再加上日本人〕能夠重新建構及整合其社會及經濟，使之適合美國霸權，並且有空間實驗其自治及半獨立的政治制度……此一複雜體系的演化也在主要西方國家間馴服關係。這些國家之間不免時生緊張衝突，但是重點在於衝突已圍堵在一個深埋、安定、但越發清晰的政治秩序中……戰爭的威脅不復存在。②

目前，這個史無前例的美國全球霸權並無敵手。但是它在日後是否就能高枕無憂，不受挑戰？

註釋：

① 見唐納・普恰拉《國際關係未來史》（刊於一九九四年〈倫理及國際事務〉）。

② 詳見伊氏論文〈創造自由秩序：戰後西方解決方案之起源及堅持〉，費城賓州大學一九九五年十一月出版。

2 The Grand Chessboard

歐亞大棋盤
The Eurasian Chessboard

就美國而言，地緣政治的大獎是歐亞大陸。五百多年來，世界事務由歐亞大國主導，各國人民相互爭戰爭取區域霸權，更進而爭逐全球強權之地位。現在，一個不是歐亞大陸的國家卻在歐亞大陸獨佔鰲首——而且美國的全球盟主地位直接依賴它在歐亞大陸的優勢能維持多久，或多麼有效。

歐亞大陸是爭奪全球霸業的大棋盤

顯然，此一狀況乃是暫時現象，但是其持久性，及其後之發展，卻不僅攸關美國的福祉，還涉及到國際和平。突然崛起第一個、且是唯一無二的全球強權，創造出一種情勢，一旦其優勢地位同樣迅速完結（不論是由於美國退出世界大局，或由於又突然冒出一個大敵），勢必造成國際上極大的不穩定。實際上，這將導致全球陷入無政府狀況。哈佛大學政治學家薩繆爾・杭廷頓(Samuel P. Huntington)大膽斷言，相當有道理。他說：

> 比起美國繼續在全球事務方面，對其他國家更有影響力的一個世界而言，世界若失去美國做為盟主，將有更多暴亂與失序，更少民主及經濟發展。因此，美國維持國際盟主地位，攸關美國人的福祉及安全，也攸關全世界的

自由、民主、開放經濟及國際秩序之未來前途。①

就這個脈絡而言，美國如何駕馭管理歐亞大陸就十分要緊。歐亞大陸是全球面積最大的大陸，地緣政治上居於樞紐地位。主宰歐亞大陸的強權，等於把全世界三個最先進、經濟上最具生產力的區域，控制了兩個。我們只要一瞥世界地圖就明白，控制了歐亞大陸，非洲一定跟著臣服，使得西半球及大洋洲成為世界中央大陸的地緣政治邊陲周邊。（參見第三十八頁地圖）全世界約七五%人口居住在歐亞大陸，全世界絕大多數的財富也存在於歐亞大陸，分別以企業和地下礦藏持有。歐亞大陸佔全世界國民生產毛額總和約六〇%，全世界已知的能源，它亦佔有約四分之三。（參見第三十九頁附表）

歐亞大陸是世界多數政治穩定國家的所在地。僅次於美國的全世界六大經濟體及六大軍事武器購買國，都位於歐亞大陸。全世界公開已擁有核子武器的大國，以及秘密擁有核子武器的國家，除了各有一個國家之外，全都位於歐亞大陸。世界上兩個人口最多，且有希望取得區域霸權及全球影響力的國家，位於歐亞大陸。所有潛在可能在政治上、經濟上挑戰美國盟主地位的國家，都是歐亞國家。總合起來，歐亞大陸的力量遠勝過美國。美國值得慶幸的是，歐亞大陸太大，以致不能在政治上成為單一國家。

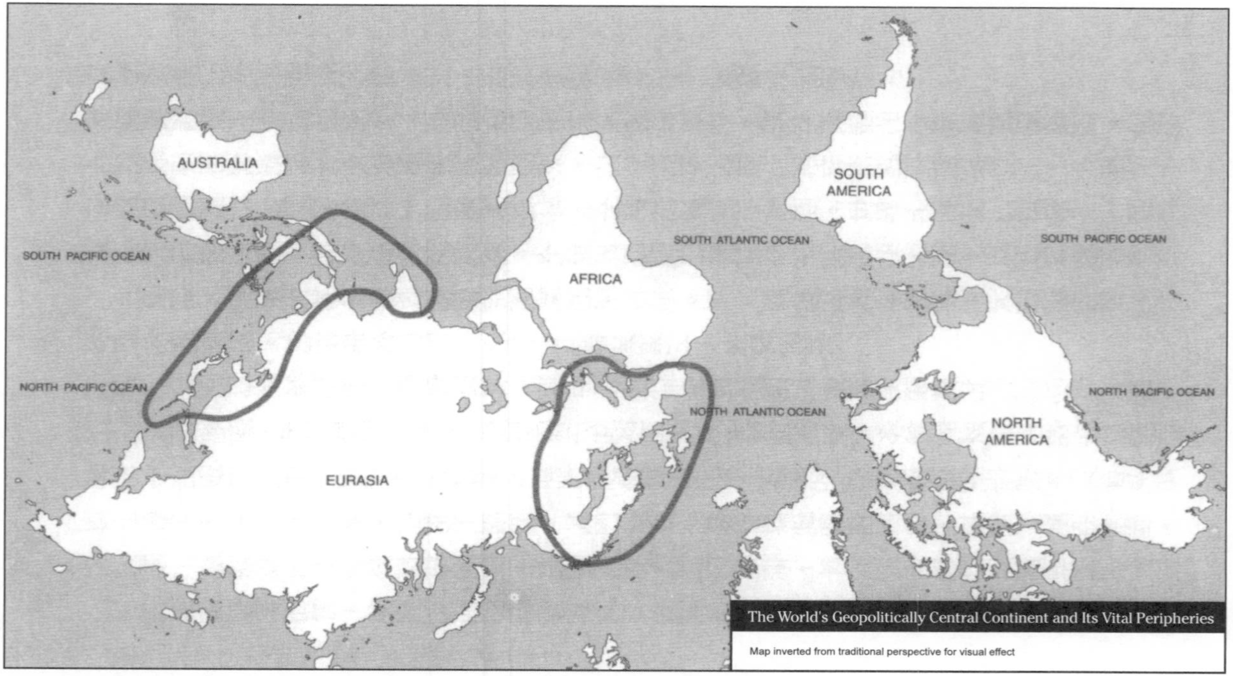

世界地緣政治的中央大陸及重要邊陲地帶（為求視覺效果故意把地圖南北倒置）

The Continents: Area

各洲面積

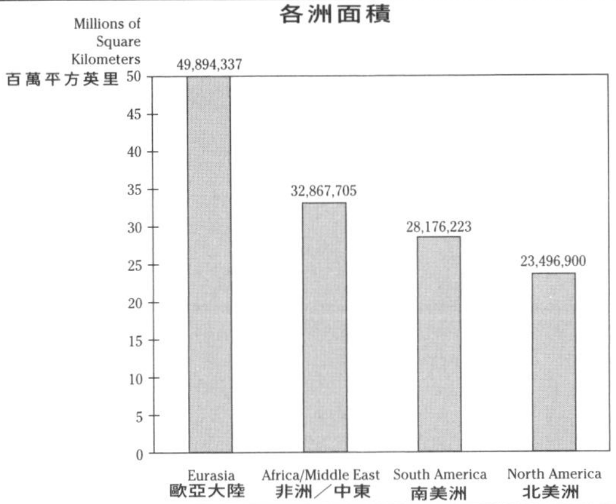

The Continents: Population

各洲人口

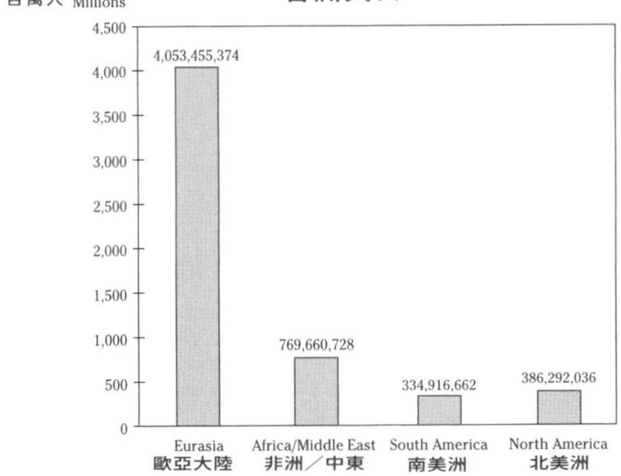

The Continents: GNP

各洲國民生產毛額總和

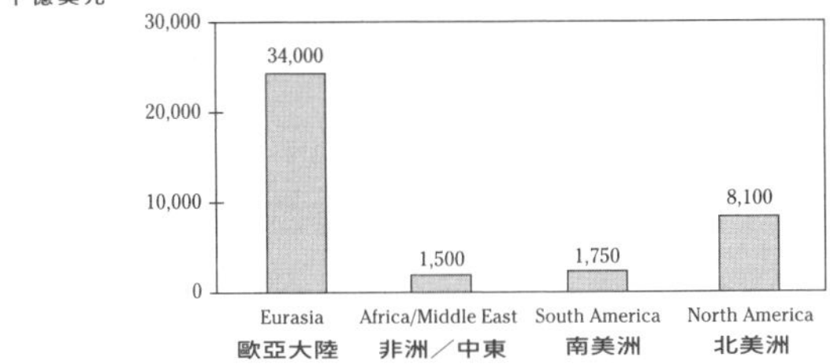

大棋盤遊戲場景

歐亞大陸因此可謂是爭奪全球霸業的大棋盤。雖然地緣戰略（地緣政治利益的戰略性管理）或許可以比擬為下棋，類似橢圓形的歐亞大棋盤上卻不僅只有兩個棋手，而是有好幾位，且各個具備不同的勢力。主要棋手位於棋盤的西邊、東邊、中央及南邊。棋盤的東端及西端是人口稠密區域，在相對擁擠的空間裡有若干個強國。在歐亞大陸西緣一小塊地區，美國兵力直接部署其上。遠東大陸則是一個越來越強大，且不聽拘束的棋手，控制著極為龐大的人口；另一方面，它的大敵領土局限在若干小島上，另外遠東一個小半島的一半，則駐紮著美國兵力。

在東、西兩端中央卻是一片人口稀少、目前政治上變動頻頻、組織上支離破碎的廣大空間，從前由與美國角逐霸權的一個強大敵手佔領——這個敵手一度以把美國驅出歐亞大陸為目標。在這個廣大的歐亞中央平原南側，是一個政治上紊亂、卻能源豐富的區域，對西方及東方的歐亞大陸國家都十分重要，它的最南方是一個人口眾多，極可能崛起為區域霸權的國家。

這一個巨大、形狀怪異的歐亞大棋盤，由里斯本延伸至海參崴，提供了「遊戲」場景。

如果中間地帶能逐漸被拉進西方擴張中的範圍（美國在西方佔有優勢地位），如果南方不會受到單一國家主宰，如果東方不致於團結起來把美國趕出外海基地，則美國可以說是佔了上風。但是如果中間地帶阻擋住西方，成為堅定的單一實體，或者控制住南方，或者是與東方的大國組成同盟，則美國在歐亞大陸的優勢地位將大為萎縮。如果東方兩大國家結合起來，美國霸業也將受挫。最後，美國現在西緣的駐軍如果被其西方夥伴逼迫撤走，將自動替美國參與歐亞大棋盤的弈局劃下句點，甚且這個西陲地帶可能終於又受到佔領中間地帶復活的強權之宰制。

合縱連横・結盟・合作

美國全球霸權範圍可謂極為廣大，但是受到國內及國外因素的制限，其深度挺淺。美國霸權涉及到行使決定性的影響力，但是與從前的帝國不一樣，不能直接去控制操縱。歐亞大陸的面積遼濶且多元化，加上若干國家相當強大，限制住美國影響力的深度，以及它對事件進行的控制幅度。這個超級大陸實在太遼濶，人口太密集，文化太多元，而且還有許多長久以來野心勃勃、政治活躍的國家，很難順從經濟上最成功、政治上最強勢的全球大國。這種狀況使得地緣戰略技巧至為重要，必須審愼，有選擇地、非常小心地把美國資

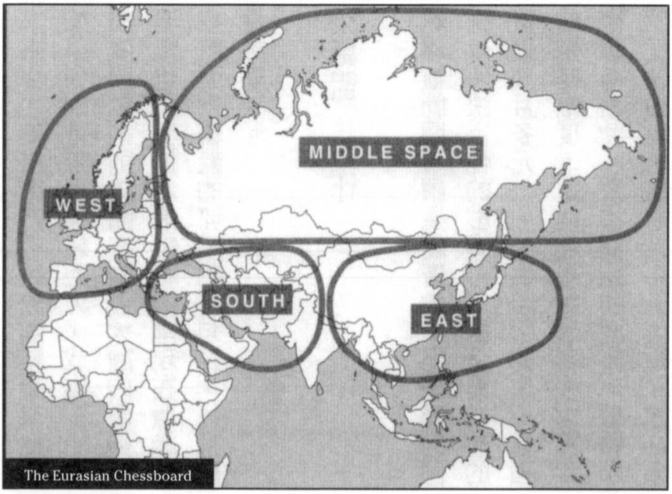

歐亞大棋盤

源部署在這個歐亞大棋盤上。

美國也的確因為在國內太民主，無法在國外太專制。這限制了美國兵力之使用，尤其是其軍事恫嚇的能力。過去從未有過民主國家獲致國際霸主地位。但是追求權力不是能夠激勵全民熱情的目標，除非是民眾突然覺得國內福祉受到威脅或挑戰之時，經濟上不划算（國防軍費支出浩繁）、人命犧牲又大（甚至職業軍人也會有大量傷亡），都不符合民主國家的本性。民主政治並不利於做帝國式的動員工作。

甚且，絕大多數美國人並未因為國家臻至全球唯一超級大國的新地位，就特別喜悅。由美國贏得冷戰而產生的政治「勝利意識」，往往受到冷漠對待，甚至還會受到自由派評論家的訕笑。針對美國與前蘇聯競爭終於獲勝，具有何種意義，倒是有兩種不太一致的觀點值得一記：有一派說法是冷戰結束，美國可以大規模降低介入世界局勢，不必管對美國全球地位有何後果；另一派說法是，真正的國際多邊主義時代終於來臨，美國甚至應該放棄部分主權參與國際組織。兩派主張都有許多忠誠信徒。

美國領導地位所面臨的難題，更因全球局勢特性發生變化而更加複雜，直接使用武力在今天可以比起以前更加節制。核子武器把戰爭做為政策工具的效用，甚至只做為威脅，都大幅降低。各國之間經濟互動日益密彌，使得政治應用經濟勒索的功效不佳。因此，合縱連橫、外交、結盟、合作及小心部署政治資產，成為在歐亞大棋盤上成功運用地緣戰略力量的主要成分。

地緣政治及地緣戰略

美國在運作其全球盟主地位時，必須對政治地理依然是國際事務上的重要考量此一事實，保持敏感。據聞，拿破崙曾說，了解一個國家的地理，就可以了解其外交政策。然而，我們對政治地理重要性的了解，必須依新的權力事實去調適。

就絕大多數的國際事務歷史而言，領土的控制是政治衝突的焦點。自從民族主義勃興以來，絕大多數血腥戰爭的起因，不外乎滿足佔有一大片疆土，或是因「聖地」被佔而憤懣不平。如果我們說，領土野心是驅使民族國家侵略行為的主要脈動，絕不會誇張。帝國也透過仔細佔奪和保持重大地理資產，如直布羅陀或蘇伊士運河或新加坡等而建立，這些地方可以做為帝國控制體系內的扼要險地或連結樞紐。

民族主義和領土佔領關連性的最極端證明，是納粹德國及日本帝國的例子。要建立「帝國千年基業」的作為，遠超過把所有說日耳曼語的民族統一在一個政治屋頂下的目標，並且亦以控制烏克蘭「穀倉」及其他斯拉夫族土地為焦點，可把這些人充當帝國的廉價奴工。日本也同樣固執一個觀念，認為直接佔有中國東北領土，以及稍後又佔領產油要地荷屬東印度群島（譯按：今天的印尼），攸關日本國力及追求全球地位的實現。同理，數百年來俄羅斯人認定其國家偉大，就是因為能一再擴張領土，甚至到了二十世紀末，俄羅斯堅持要繼續控制著非俄羅斯人（如居住在一條重要輸油管附近的車臣人），也是以如此做攸關俄國強權地位為藉口。

民族國家繼續是世界體系的基本單元。雖然大國民族主義衰退及意識型態褪色，已降低全球政治的感情內容——同時，核子武器也對使用武力帶來重大局限——因領土起爭端，依然是世界事務的重要事件，即使今天其形式已趨向比較文明。同時，國家領土面積大小，還是其地位及實力的一個重要評準。

然而就絕大多數民族國家而言，領土佔有的問題，近年來重要性已漸趨式微。領土爭端在某些國家訂定外交政策時，依然相當重要，但往往是出於不滿意同種族的兄弟不被允准自決，不能投入「祖國」懷抱，或是不滿意鄰國對其境內少數民族虐待，而不再是透過擴張領土而追求提升國家地位。

各國統治菁英逐漸了解到，領土以外的因素，對於決定一國之國際地位，或其國際影響力程度，更為重要。經濟上勇猛活潑，加上技術能不斷創新，也是國力的重要評鑑標準。日本就是最好的例子。不過，地理位置依然會影響到一個國家即刻的優先順序——而且，其軍事、經濟和政治力量越大，這個國家的重大地緣政治利益、影響力及涉及範圍就越大，可以超越其近鄰，及於遠處。

直到最近，地緣政治的主要分析家曾辯論，是否陸權比海權更重要？以及究竟歐亞大陸那個特定區域攸關掌控整個大陸？其中最著名的一位分析家哈洛德・麥金德(Harold Mackinder)在二十世紀初率先討論這個議題，連續提出歐亞大陸「樞紐地區」（包括西伯利亞全部及中亞大部分地區）的觀念，以及中歐、東歐「心臟地帶」是獲致大陸霸權的重要跳板之觀念。他以下述著名格言提出其膾炙人口的心臟地帶理論：

統治東歐就控制心臟地帶，
統治心臟地帶就控制世界島，
統治世界島就駕馭全世界。

德國若干知名政治地理學者亦借地緣政治，來替德國辯解：卡爾・郝修夫(Carl Haushofer)採取麥金德的觀念以迎合德國的戰略要求。希特勒強調德國人民需要生存空間時，我們可以聽到郝修夫言論較粗鄙的迴聲。本世紀上半葉其他歐洲思想家預期到地緣政治的重心東移，太平洋區域（也就是美國和日本）將是歐洲霸權式微後可能的繼起人。為了防止此一東移傾向，法國政治地理學家保羅・狄馬金(Paul Demangeon)及其他法國地緣政治家，在第二次世界大戰之前就倡導歐洲國家更加團結。

今天，地緣政治議題不再是歐亞大陸那一個地理部位是大陸霸權的起始點，也不是陸權是否比海權重要的問題。地緣政治已經由區域性轉移到全球層面，整個歐亞大陸的優勢地位將是全球霸業的中心基礎。美國是一個非歐亞大陸的強權，現在居於國際霸主地位，其兵力直接部署在歐亞大陸的三個周邊地區，它由此對佔有歐亞大陸內地的國家發揮強大的影響力。但是，在全球最重要的競技場（歐亞大陸），可能在某一時候出現美國的潛在敵手。因此，集中在關鍵棋手、適度評鑑周遭環境，乃是為長期駕馭美國的歐亞地緣政治利益，而制訂美國地緣戰略的起始點。

因此，我們需要採取兩個基本步驟：

- 第一，要確認找出誰是地緣戰略上活絡的歐亞大陸國家；它們必須有實力引起國際權力分配的重大轉變，有辦法解讀其政治菁英的關鍵外在目標，及追求目標時的可能後果。同時，也要找出誰是地緣政治上的關鍵性歐亞大陸國家；它們的地理位置及存在，對更活躍的地緣戰略玩家或區域情勢會有觸媒作用。
- 第二，要制訂明確的美國政策去彌補、調和及掌控上述國家，以便維持及促進美國重大利益。同時，要提出一個更完整的地緣戰略概念，以便在更明確的美國各項政策之間建立全球規模的互相聯繫關係。

簡而言之，就美國來說，歐亞大陸地緣戰略涉及到妥善管理地緣戰略活躍國家及地緣政治有觸媒作用的國家，以便吻合美國兩大利益：短期是維持其獨特的全球實力，長期是把這個全球獨步的實力轉化為越來越有體制的全球合作。用古代帝國時期的術語來說，帝國地緣戰略的三大最高任務就是：防止屬國彼此串連結盟，使它們安全上必須仰賴帝國；使朝貢國薄弱，接受保護；並且使蠻夷不要一起叩關進犯中原。

地緣戰略玩家及地緣政治樞紐國家

積極的地緣戰略玩家是具有能力及國家意志在其國境之外運用其實力或影響力，去改變現有地緣政治事務（在某種程度上，影響到美國利益）的國家。它們有潛力及傾向，造成地緣政治動盪不安。姑不論是出於追求國家光榮、意識型態的實踐、宗教信仰的傳布或經濟富足種種不同原因，若干國家的確有心追求區域霸權或全球地位。它們受到根深柢固、複雜的動機所驅使。因此它們仔細評估美國實力，確定它們利益與美國重疊或衝突的程度可以到那裡，然後制定本身較為有限的歐亞大陸目標，有時與美國政策衝突，有時卻與美國政策貫串。對於這類歐亞大陸國家，美國必須特別注意。

地緣政治樞紐國家的重要性不是來自其實力和動機，而是來自於其地理位置的敏感性，以及因地緣戰略玩家行為極易影響到它們而致。絕大多數情況下，地緣政治樞紐國家因其地理位置而定，它們在界定對重要地區的進出通路，或不使重要玩家取得資源方面，有特殊角色。有時候，一個地緣政治樞紐國家可能扮演一個重要國家或甚至區域的防務盾牌。有時候，一個地緣政治樞紐國家的存在，可以對一個活躍的地緣戰略玩家鄰國，產生很重大的政治、文化影響。因此，確認誰是後冷戰時代歐亞大陸關鍵性的地緣政治樞紐國家，保護它們，也是美國全球地緣戰略非常重要的一個層面。

我們也應該注意到在一開始時，雖然所有的地緣戰略玩家可能是重要、強大的國家，但是並非所有的重要、強大國家就自動必然是地緣戰略玩家。因此，雖然確認誰是地緣戰略玩家還算容易，為什麼一些明顯重要的國家不列名其中，則需待進一步釐清。

在當前的全球局勢下，至少可以在歐亞大陸的新政治版圖上，找出五個關鍵性的地緣戰略玩家，以及五個地緣政治樞紐國家（後者有兩國或許也能部分被認為可列入地緣戰略玩家）。法國、德國、俄羅斯、中國和印度，是主要、活躍的玩家，至於英國、日本和印尼雖然一般公認是很重要的國家，卻未必可列為地緣戰略玩家。烏克蘭、亞塞拜然、南韓、土耳其和伊朗扮演地緣政治極重要的樞紐角色，此外土耳其及伊朗（各自在其比較有限的能力範圍內）也都在地緣戰略上活躍。本書後續各章將分別縷述各國狀況。

在現今階段，我們可以肯定地說，在歐亞大陸的西側，關鍵性的地緣戰略大國是法國和德國。兩國都有歐洲聯合的前瞻宏景，只是對歐洲與美國的關係應以何種形式、保持多密切，觀點略有殊異。兩國都想在歐洲構成某種宏圖大局，改變現狀。法國尤其對歐洲有自己一套地緣戰略理念；這套理念在若干重大議題方面，與美國觀點不一，同時，法國雖必須仰仗法、德同盟來彌補本身的相對弱勢，卻傾向於採取一些戰術運作，好讓美、俄相互制衡，英、德相互牽制。

甚且，法國與德國也都夠強大、夠堅定，要在更大的區域範圍內發揮影響力。法國不僅有心在統合中的歐洲追求中心政治角色，而自視為地中海、北非若干具有共同關切議題的國家之核心。德國越來越體會到它是歐洲最重要國家的特殊地位——不僅是西歐經濟的火車頭，還是歐洲聯盟崛起中的領導人。德國覺得對新近脫離共產主義束縛的中歐，有特殊責任；這方面令人想起數十年前德國領導創立中歐同盟的舊記憶。甚且，法國與德國都自命當仁不讓，可代表歐洲利益與俄羅斯打交道，而且德國由於地理位置的特殊，至少在理論上保持與俄羅斯特殊的雙邊協和的選擇權。

英國是已退休的玩家，活在光榮的桂冠之下

相形之下，英國不算是地緣戰略玩家。它的重大選擇權不多，對歐洲的未來前途也沒有宏圖雄心，而且它的相對式微也降低了它扮演傳統歐洲平衡角色的能力。它對歐洲統一依然徘徊，舉棋不定，它對趨弱的英、美特殊關係仍緊抱不放，都使得英國越來越與歐洲的未來前途顯得事不干己。倫敦可謂已把自己置身於歐洲前途之外。

前英國派駐歐洲委員會高級官員羅伊•鄧曼爵士(Sir Roy Denman)在其回憶錄中指出，一九五五年梅西納(Messina)會議探討組織歐洲聯盟事宜時，英國官方發言人對集會人士坦率說：

> 諸君目前討論的這項歐洲未來條約，不會有機會得到協議；即使達成協議，也不會有機會付諸實行。縱使付諸實行，英國也完全不可能接受它……②

四十多年之後，上述言論基本上還是英國對待歐洲統一的基本態度。英國不太願意參加預定一九九九年一月起跑的「歐洲經濟及貨幣同盟」，即反映出英國不願把國家命運等同

於歐洲前途的心態。這種態度的內容在一九九〇年代初期可以摘要如下：

- 英國排斥歐洲政治統一的目標。

- 英國贊成以自由貿易為基礎的經濟整合的模式。

- 英國希望外交政策、安全防務，在歐洲共同體的架構之外協調。

- 英國罕於在歐洲共同體內把影響力發揮到極致。③

但是，英國依然是美國的重要盟友。它依然透過大英國協，繼續有相當程度的全球影響力，只是已不再是活力四射的大國，也不再受到雄心宏圖所激勵。它是美國的關鍵支持國，忠誠的盟友、重要的軍事基地，在關鍵性的重要情報活動上也是個親密的夥伴。美國必須培養、照顧對英關係，但是無須持續注意英國的政策。英國是已退休的地緣戰略玩家，活在光榮的桂冠之下，大體上已置身歐洲大局之外，而法國與德國則是歐洲前途的主角。

歐洲其他中型國家，絕大多數是北大西洋公約組織或歐洲聯盟的會員國，若非追隨美國領導，就是悄悄以德國或法國馬首是瞻。它們的政策沒有廣泛的區域衝擊力，也不可能改變基本立場。在現階段，它們既不是地緣戰略玩家，也不是地緣政治的樞紐國家。最重要、最有可能加入北約組織及歐聯的國家——波蘭也是如此。波蘭太弱，不足以成為地緣戰略玩家，它只有一個選擇：統合納入西方陣營。甚且，舊俄羅斯帝國消失、波蘭與大西洋同盟及新興歐洲關係加深，增添波蘭在歷史無先例的安全感，不過也限制了其戰略選擇。

俄羅斯：敵乎？友乎？

雖然國勢已弱、困難重重猶未解決，俄羅斯毋庸置言還是一個主要的地緣戰略玩家。它的存在對於在歐亞大陸舊蘇聯廣袤版圖上的新興獨立國家，有非常大的衝擊。它還有雄心勃勃的地緣政治目標，而且也逐漸公然宣稱，毫不避諱。一旦它恢復實力，也將對其西側、東側鄰國產生重大衝擊。甚且，俄羅斯仍必須對其與美國關係做出最基本的抉擇：敵乎？友乎？它可能認為在歐亞大陸上面美、蘇關係之發展是友、是敵，它有重大選擇，可視其內部政治演變而定，尤其是究竟俄羅斯變成一個歐洲民主國家，或再次成為歐亞帝國而定。不論如何，它明顯還在局中，即使已失去若干重要領土及歐亞大棋盤上的重要空間。

「大中華」的出現

同樣地，中國也毋庸置疑一定是重要玩家。中國已經是一個區域大國，而且鑒於其歷史上的大國地位，以及它以全球中心自視的心態，很可能會有更大的雄心。中國所做的抉擇已經開始影響亞洲的地緣政治權力分配，同時它的經濟動力也使它實質力量大增，野心也因此而更大。「大中華」的出現、崛起，並不會使台灣問題休止，而且這也無可避免將衝擊到美國的遠東地位。蘇聯解體，在中國西疆出現一系列新興獨立國家，中國領導人對此不能漠不關心。因此，中國在世界舞台更加積極活動，也勢必影響到俄羅斯。

歐亞大陸東緣卻是一種矛盾現象。日本在國際事務上明顯是個大國，美日關係經常（也的確正確無誤）被認定是美國最重要的一個雙邊關係。身為世界頂尖經濟大國之一，日本很明顯具備發揮第一流政治實力的潛力。可是，日本並未這麼做，它迴避在亞洲區域稱霸的野心，寧願在美國保護下運作。它與英國在歐洲的狀況相似，不願介入亞洲大陸的政治，不過部分原因可能是出於忌憚許多亞洲人仍然仇視日本在亞洲政治爭取獨佔鰲頭的區域盟主。

日本在政治上自我設限，也就使美國在遠東安全上承擔起中心角色。因此，日本不是一個地緣戰略玩家，不過它具有明顯潛力可迅速成為地緣戰略玩家——尤其是中國或美國任何一國突然改變其目前政策的話——這卻使得美國有特別義務要審慎培養美、日關係。這不是說，美國必須提防日本外交政策，而是美國必須非常精緻地培養日本的自制自抑，美日政治關係一旦出現重大降低狀況，一定會直接衝擊亞洲區域安定。

不把印尼列為地緣戰略玩家，就比較容易說明。印尼在東南亞是個最重要的國家，但是即使在東南亞區域之內，它發揮重大影響力的能力仍受到下列因素的限制：印尼經濟處於相對低度開發狀態，國內政局持續不確定，各島嶼分散星羅棋布，交通聯繫不便，極易發生種族衝突，更由於華人少數民族掌控着印尼財經命脈，使得種族緊張持續存在。在某種程度上，印尼可以成為遏阻中國南進野心的重要屏藩。澳洲業已承認這個大勢，原本擔心印尼有擴張野心的澳洲，近來已開始贊同澳、印加強安全合作關係。但是在印尼能被視為區域大國之前，它仍須做好政治鞏固，以及持續的經濟開發成績。

相反地，印度已經走上建立自身為區域大國的過程，並且自認有潛力晉身為全球重要角色。它也自視可與中國匹敵。這或許有點高估自己的長程能力，但是印度毫無疑問是南亞最強大的國家，堪稱為南亞區域霸主。它具備核武力已是半公開的秘密，不僅可用以恫嚇巴基斯坦，尤其可用以制衡中國擁有的核武力。印度對於它在鄰國及印度洋的區域角色具有地緣戰略的構想。然而，在現階段印度的野心只與美國在歐亞大陸的利益在邊緣上略有牴觸，因此，做為地緣戰略玩家，印度至少還不能與俄羅斯或中國等量齊觀，不能稱為地緣政治上的重大關切。

烏克蘭是出現在歐亞大棋盤上的新興、重要國家，由於其獨立促成俄羅斯轉型，它是一個地緣政治樞紐國家。失去烏克蘭，俄羅斯不再是個歐亞大陸帝國。沒有烏克蘭，俄羅斯還能力圖保住帝國地位，但是將成為基本上是亞洲帝國的樣態，很可能與中亞各國捲入曠日持久的纏鬥，這些中亞國家勢必不滿意喪失新得到的獨立地位，並且可望得到南邊同樣信仰伊斯蘭教國家的支持。中國鑒於對這些新興獨立國家興趣增大，也可能反對俄羅斯在中亞區域獨佔優勢。然而，如果莫斯科又掌控了烏克蘭，得到烏克蘭五千二百萬人口、豐富資源及黑海基地，俄羅斯將自動重獲生機，可以一躍而為跨越歐洲及亞洲的強大帝國。烏克蘭一旦失去獨立，將對中歐產生即刻的衝擊，使波蘭成為統一後的歐洲東側之地緣政治樞紐。

雖然面積不大、人口不多，亞塞拜然卻因能源蘊藏豐富，是個地緣政治上的重要國家。它是含納裏海盆地及中亞區域富源的瓶子之軟木塞。如果亞塞拜然完全臣服於莫斯科的掌控，中亞各國的獨立就幾乎全部失去意義。一旦亞塞拜然喪失獨立，亞塞拜然本身非常重要的石油資源將受到俄羅斯控制。獨立的亞塞拜然，藉由不經過俄羅斯控制的領土之輸油管與西方市場連接，也成為先進的能源消費國家接觸中亞這些坐擁能源的國家之重要通路。幾乎可以說與烏克蘭不分軒輊，亞塞拜然和中亞的前途在界定俄羅斯未來走向及屬性時，亦是關鍵因素。

土耳其與伊朗利用俄羅斯勢力萎縮，正在裏海及中亞區域建立某種程度的影響力。因此，它們或許可以被視為地緣戰略玩家之一。然而，兩國國力都有嚴重問題，它們想在區域權力分配上發揮重大影響的能力，相當有限。它們彼此作對，也相互抵銷影響力。譬如，土耳其在亞塞拜然已取得影響力，伊朗由於擔心國境內亞塞拜然裔少數民族可能滋事，就傾向支持俄羅斯。

然而，土耳其與伊朗都是很重要的地緣政治樞紐國家。土耳其穩定住黑海區域、控制黑海進出地中海的通路，制衡俄羅斯在高加索的勢力，還是針對回教基本教義的解毒劑，並且是北大西洋公約組織南方之錨。土耳其一旦不穩定，很可能在巴爾幹半島南部觸發更多暴亂，同時促成俄羅斯重新控制高加索新興獨立國家。伊朗雖然對亞塞拜然的態度仍不明朗，它同樣對中亞新興政治多元變化，提供穩定力量。伊朗控制波斯灣的東海岸，雖然目前仍與美國對敵，它的獨立卻對美國在波斯灣地區的利益提供屏藩，使它不受俄羅斯長期之威脅。

最後，南韓是遠東的地緣政治樞紐國家。南韓與美國的親密關係，使得美國可以屏障日本，因此阻住日本成為獨立的軍事大國，也不必在日本駐紮大批美軍兵力。南韓地位一旦發生重大變化，不論是南北韓統一、或是投入中國勢力範圍內，都必然大大改變美國在遠東的角色，連帶也使日本角色產生變化。此外，南韓的經濟實力強勁，也使它成為重要兵家必爭之地。

上述地緣戰略玩家及地緣政治樞紐國家名單並非就此定下來，不會有變化。到了某階段，說不定需要增、減若干國家。的確，就某些方面而言，台灣、泰國、巴基斯坦，甚至哈薩克或烏茲別克，或許都應該列入地緣政治樞紐國家。然而，在現階段這些國家似乎都還沒有非得列入其中的堅強需要。任何一國地位變化，都是一樁重大事件，涉及到權力分配的若干變化；但是其觸媒效應恐怕不會太深遠。只有台灣議題可能屬於例外。即使這麼說，台灣議題也只會在下述狀況下被提出來：中國不顧美國意願，動用大批兵力征服台灣，因而威脅到美國在遠東的政治信譽。這種狀況發生的或然率似乎很低，但是在制訂美國對中國政策時，仍然必須把這層顧慮計算在內。

重大選擇及潛在挑戰

辨認出誰是主要玩家及關鍵樞紐國家，有助於界定美國的大政策兩難困境，及預期在歐亞大陸上將遭遇何種重大挑戰。在本書陸續深入探討前，我們可以把它們歸納出五個大議題：

- 美國希望出現什麼樣的歐洲？
- 什麼樣的俄羅斯符合美國利益？美國能怎麼做？做多少？

・中亞出現新「巴爾幹」的機率如何？美國應如何把這個危機降低？
・應該鼓勵中國在遠東承擔什麼角色？這對美國、日本會引起什麼效應？
・什麼樣的歐亞新結盟有可能成立？對美國利益最危險的結盟是什麼？應該怎麼做去預先排除這些危險？

美國一向堅稱忠貞推進歐洲統一的信念，自從甘迺迪總統執政以來，標準口號就是「平等夥伴」。華府官方說法一再宣稱樂意見到歐洲成為單一實體，實力強大到足可與美國共同承擔全球領袖的責任及重擔。

這是有關此一主題的既定言論，但是在實務上美國卻沒有這麼清晰明白，也沒有這麼前後連貫一致。華府真正樂意見到一個確實在世界事務上的歐洲平等夥伴嗎？或是樂於見到一個不平等的同盟關係？譬如，中東不僅地理位置上距歐洲近於美國，若干歐洲國家在中東地區長久以來亦有深厚的利益關係，美國是否已預備要在中東與歐洲分享領導權？以色列議題立刻浮上我們的腦海。美、歐對伊朗及伊拉克的看法，見解不同。美國處理這個議題就不是與歐洲平等對待，而是視歐洲為從屬，要求歐洲唯美國作法馬首是瞻。

美國希望出現什麼樣的歐洲

美國對歐洲統一的支持程度曖昧不明，也延伸為歐洲統一要如何界定？尤其是以那個國家為首來領導統一後的歐洲。華府並沒有勸阻倫敦，要求英國放棄對歐洲統一採取不合作姿態，不過華府也清楚表露樂見德國（而不是法國）成為歐洲領袖。鑒於法國政策傳統上與美國扞格，這種傾向可以理解，但是重德輕法卻產生鼓勵英、法戰術性調和以抵制德國坐大的效果，法國偶爾也會與莫斯科眉目傳情以抵銷美、德同盟的效應。

出現真正統一的歐洲，尤其是在美國建設性的支持下之時，美、歐之間主要聯繫臍帶——北大西洋公約組織的結構與程序，就必須相應有重大改變。北約組織不僅提供一個主要機制，使美國得以對歐洲事務發揮影響力，也提供一個政治意義重大的基礎，使美軍得以在西歐駐留。然而，歐洲統一將使此一結構必須按照新現實加以調整，使此一同盟關係以兩個多少大抵平等的夥伴為基礎，而不是用傳統字彙去描繪，基本上是一個霸主及屬國附庸的關係。雖然在一九九六年已採取溫和措施，在北約組織內強化西歐國家軍事合作的單位「西歐聯盟」（Western European Union, WEU）的角色，這個議題上大體上還是遭到刻意迴避。選擇支持歐洲統一，將迫使北約組織做深遠的重大改組，無可避免地將會降低美國在同盟裡的優勢地位。

簡而言之，美國的長程對歐地緣戰略將必須明確對歐洲統一及真正夥伴關係表態。美國若真正樂見歐洲統一、及更加獨立，就必須支持真正專心致志歐洲政治及經濟整合之歐洲勢力。此一戰略也等於是必須拋棄掉一度神聖不可侵犯的美、英特殊關係。

支持歐洲統一的政策也必須在與歐洲國家合作下，明確處理高度敏感的「歐洲地理範圍多大」的議題。歐洲聯盟究竟應該往東推展到哪裡為止？歐洲聯盟的東界是否就等於是北約組織東方前線？前者比較是歐洲可做決定的事，但是歐洲國家在這個議題上的決定，將對北約組織的決定有直接衝擊。然而，後者涉及到美國，而美國在北約組織裡的發言無可諱言，仍有一言九鼎的分量。鑒於越來越有共識歡迎中歐國家加入歐洲聯盟及北約組織，這個問題的實際意義乃是：波羅的海國家，甚至烏克蘭，其未來地位如何？

因此在上述歐洲兩難局面及有關俄羅斯之間就有了重大重疊之地方。我們很容易回答有關俄羅斯的問題，坦承樂見一個民主的俄羅斯，與歐洲建立密切關係。一般假定，民主的俄羅斯將會更認可美國及歐洲共有的價值觀，因此比較可能成為一個次要夥伴，去打造一個更穩定、更合作的歐亞大陸。但是，俄羅斯的野心可能不以獲得承認及尊敬為民主國家而饜足。在俄羅斯的外交決策圈內（大致仍以前蘇聯外交官員為主），仍然深鑄著要在歐亞大陸稱雄的意念，想要後蘇聯的各新興獨立國家臣服於莫斯科的號令之下。

在這個脈絡下，即使西方的友善政策在俄羅斯決策圈的若干有力人士心目中，也被解讀成要否定俄羅斯全球地位此一合理主張的策略。俄羅斯兩位地緣政治學者說：

美國及北約組織在最不冒犯俄羅斯的自尊，但又堅定不移的狀況下，正在摧毀地緣政治基礎，即使是理論上足以使俄羅斯期待獲得原屬於蘇聯的世界第二大國地位，也不可放鬆。

甚且，他們認為美國執行的政策是：

透過西方主導在此一歐洲空間上重新組織，本質上要支持與北約組織及歐洲聯盟更修睦的一系列小而弱的國家出現。④

上述兩段話，雖然不無敵意，卻界定清楚美國所面臨的兩難局勢。究竟對俄羅斯的經濟援助要做到什麼程度（這樣做無可避免將強化俄羅斯的政治，軍事實力）？同時，針對這些新興獨立國家的國防及鞏固獨立，應該援助到什麼程度？俄羅斯能夠同時又民主、又強大嗎？如果它再度強大，它能不追求恢復失去的帝國領土嗎？它若重建帝國版圖，還能保持民主政體嗎？

美國針對地緣政治樞紐地位的烏克蘭及亞塞拜然的政策，無從迴避這個問題；因此，美國在戰術均勢及戰略目標之間面臨艱難的兩難局面。俄羅斯國內是否復原，攸關俄羅斯的民主化及其最後的歐洲化。恢復其帝國潛力卻不利民主化及歐洲化這兩個目標。甚且，美國與若干歐洲國家之間可能在這個議題上發生歧見，尤其當歐洲聯盟及北約組織要擴大之際。應該考慮讓俄羅斯加入這兩個架構嗎？烏克蘭是否也可以加入呢？排斥俄羅斯的代價可能很高——坐實了西方原本就排拒俄羅斯的罪名——但是稀釋歐洲聯盟或北約組織，卻可能製造出不穩定的後果。

新的「巴爾幹」危機

在歐亞大陸中央地帶廣大的地緣政治浮動空間，還有一個巨大的不確定因素，尤其因為土耳其、伊朗樞紐的弱勢，而更擴大不確定的衝擊潛力。第六十四頁地圖上，由黑海克里米亞起，直接向東沿着俄羅斯新的南部國境線，直抵中國新疆省，再轉向印度洋，並往西迤邐到紅海，再北上沿地中海東部回到克里米亞，在這一大塊地域內有大約四億人口、二十五個國家，這些國家絕大多數種族及宗教信仰不一，而且沒有一國堪稱政治穩定。甚

全球可能溢出動亂的地區

且，其中部分國家可能已在設法發展、取得核武器。

這塊廣濶的區域仇恨根深柢固，又有強鄰環伺、互相競雄，很可能變成大戰場，不僅爆發民族國家彼此戰爭，更可能陷入種族及宗教信仰的持久鏖戰。印度是扮演約束角色，還是藉機對巴基斯坦施壓，將大大影響到衝突的地理範圍。土耳其及伊朗內部的緊張很可能不只惡化，還會大大減弱它們在這個動盪區域內可以扮演的穩定角色。這種局勢發展將使得中亞新興國家更難以融入國際社會，同時對美國主宰的波斯灣區域安全也將產生不利影響。總之，美國及國際社會在此區域可能碰上讓近年來在前南斯拉夫發生的危機望塵莫及的大挑戰。

在這個不穩定的區域，美國的優勢地位也很可能受到伊斯蘭基本教義派的挑戰。伊斯蘭基本教義派利用宗教上仇視美國生活方式的心理，更藉阿拉伯人與以色列不共戴天宿仇，可以顚覆若干親西方的中東政府，並進而破壞美國在此一區域（尤其是波斯灣）的利益。然而，既無政治凝聚力，又乏單一的真正強大的伊斯蘭國家，伊斯蘭基本教義派的挑戰將缺乏地緣政治的核心，極可能藉由冗長的暴亂表達出其不滿。

中國崛起為大國，也產生一個非常重大的地緣戰略議題。最樂觀的情況是，把一個推動市場自由機制、民主化的中國納入一個廣泛的亞洲區域合作架構內。但是，假設中國並未民主化，卻在經濟及軍事上繼續增長實力，會是什麼狀況？不論鄰國意願及考量如何，可能會出現一個「大中華」，而且若是企圖阻擾大中華的出現，必會與中國產生激烈衝突。這類衝突會使美、日關係吃緊——因為日本未必就肯追隨美國去圍堵中國——因此可能會對東京所界定的日本區域角色產生革命性大變化，或許甚至造成美國軍力退出遠東。

然而，寬待中國也有相當代價。接納中國做為一個區域大國，不是只喊喊口號而已。中國在區域稱雄，一定會有實質內容。我們不妨直截了當地說，中國的勢力範圍會有多大？美國為了把中國拉進來參與世界事務，願意接納中國有多大的勢力範圍？目前不在中國政治範疇內的地區，有那些或許要讓渡給中華帝國去控制？

就這個脈絡發展下來，美國繼續駐軍於南韓就變成特別重要。美軍退出南韓，我們就很難想像美日防務安排仍會保持目前狀況，因為日本勢必要在軍事上更靠自己。韓國統一的動作卻又挺可能擾亂了美軍繼續留駐南韓的基礎。統一後的韓國可能選擇不再永久接受美國軍事保護；這也的確可能就是中國對朝鮮半島統一投下決定性支持票所要需索的代價。簡單地說，美國處理其對中國關係之良窳，無可避免將對美、日、韓三角安全關係的穩定與否，有直接影響。

最後，我們也應該簡單地一提涉及到未來政治組合的若干可能發展，但把詳情留待本書相關篇章深入討論。過去，國際事務大都受到個別國家爭奪區域霸主地位所主導。今後，美國或許必須學會如何與企圖把美國趕出歐亞大陸、危及到美國做為全球大國的區域同盟打交道。然而，是否會出現這種區域同盟挑戰美國優勢地位，事實上在相當大程度上應視美國能多有效回應上述重大兩難困局而定。

最危險的一個潛在狀況是，中國、俄羅斯，或許再加上伊朗，組成一個「反霸權大同盟」，這個同盟不是以意識型態為結合，而是因一致不滿美國而組合。它的規模令人想到從前中、蘇集團呈現的挑戰，不過這一次中國可能當帶頭，俄羅斯則跟隨在後。姑不論這個狀況的機率有多麼渺小，要避免掉它，美國必須同時在歐亞大陸的西側、東側和南側，展示出地緣戰略的純熟技巧。

在地緣政治上較有限，卻可能有更深遠效應的一個挑戰，涉及到美國在遠東地位崩潰、日本的世界觀產生革命性大變化之後，中國與日本結為軸心。它將把兩個異常有生產力的民族之力量結合起來，也可能利用某種「亞洲主義」做為聯合反美的理論。然而，在可預見的將來，鑒於兩國近代歷史經驗，並未明顯出現中、日結盟的可能性；美國的遠東政策若能高瞻遠矚，必能阻止此事發生。

同樣遙遠、但又不能完全排除的一項狀況是，歐洲出現新組合，出現德、俄合作或法、俄協和的新現象。歷史上都曾經出現德、俄及法、俄結盟的先例，如果歐洲統一中止，或歐、美關係嚴重惡化，或許就會出現德、俄或法、俄結盟的狀況。如果是歐、美關係惡化，歐、俄携手把美國擠出歐亞大陸，並非不可能。在目前階段，上述所有變項似乎都不太可能，它不僅需要美國在對歐政策上發生重大錯失，也需要歐洲重要國家政策大逆轉。

姑不論未來如何發展，我們可以合理地認定，美國在歐亞大陸的優勢地位將不會平靜無波達成，甚至可能間歇發生暴亂才能達成。美國的優勢地位很可能遭到新挑戰，或許是出現區域競爭者，或許又冒出新的組合加以挑戰。目前佔上風的美國環球體系，很可能只有在下列條件的世界才會穩定：亦即美國的優勢必須以長程地緣戰略為指引，立足在相近似的社會政治制度基礎上，而且以美國做主的多邊架構連結起來。

註釋：

① 見一九九三年春季號《國際安全》季刊所載薩繆爾・杭廷頓著〈為何國際優勢重要〉。

② 見羅伊・鄧曼著：《錯失良機》。

③ 見大衛・卡勒歐及菲力浦・高登編《由大西洋至烏拉山》一書，所收錄的羅伯・史基德斯基(Robert Skidelsky)專文〈大不列顛與新歐洲〉。

④ 見一九九六年六月廿八日《*Nezavisimaya Gazeta*》所刊載美國暨加拿大研究中心資深研究員鮑加土洛夫(A. Bogaturov)和柯里門育克(V. Kremenyuk)撰寫的〈俄羅斯及美國現階段關係及互動前景〉。

民主橋頭堡
The Democratic Bridgehead

歐洲是美國的天然盟友。彼此有共同的價值觀，大體上相同的宗教傳統，具有相同的民主政治，也是大多數美國人的原始故鄉。歐洲是把民族國家整合成為超國界經濟及政治聯合體的先鋒，走上後國家組織的更大型單元，超越民族主義時代的狹隘見識及破壞性的熱情。它已經是全世界最多邊組織的區域。（參見第七十三頁附表）歐洲的政治統一若是成功，將創造出一個轄有四億人口的單一實體，大家都生活在民主的屋簷下，享有與美國相當的生活水準。這樣的歐洲無可避免一定是全球強權。

歐洲也可做為民主政體逐步向歐亞大陸深入擴張的跳板。歐洲向東擴張將可鞏固一九〇年代民主國家的勝利成果。它在政治、經濟上都可以與歐洲遠古因共同的基督教傳統而界定的文明歐洲之範圍相吻合。這樣的歐洲一度存在，遠早於民族主義的出現，更早於近年歐洲分裂為美、蘇各擅勝場的兩半。這樣一個大歐洲將可以對位於更東邊的國家產生磁性吸引力，與烏克蘭、白俄羅斯及俄羅斯建立關係網絡，把它們拉進來建立日趨緊密的合作，並且皈依一般的民主原則。最後，這樣的歐洲可以成為由美國主導的大型歐亞安全合作架構的一個重大支柱。

歐洲各種組織

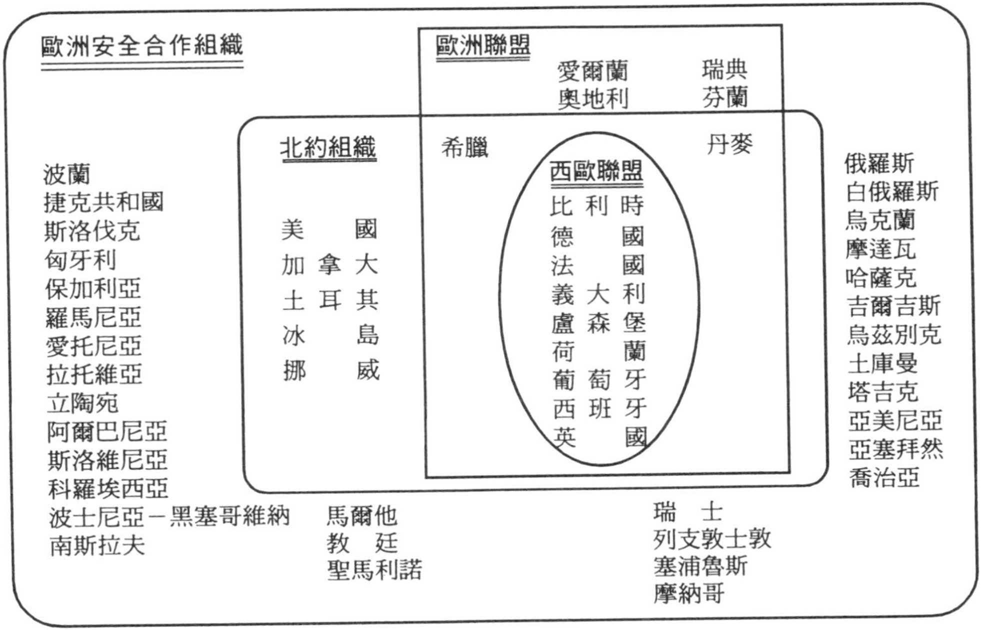
歐洲安全合作組織
歐洲聯盟
愛爾蘭
奧地利
瑞典
芬蘭
北約組織
希臘
丹麥
西歐聯盟
比利時
德國
法國
義大利
盧森堡
荷蘭
葡萄牙
西班牙
英國
美國
加拿大
土耳其
冰島
挪威
波蘭
捷克共和國
斯洛伐克
匈牙利
保加利亞
羅馬尼亞
愛托尼亞
拉托維亞
立陶宛
阿爾巴尼亞
斯洛維尼亞
科羅埃西亞
波士尼亞－黑塞哥維納
南斯拉夫
馬爾他
教　廷
聖馬利諾
瑞　士
列支敦士敦
塞浦魯斯
摩納哥
俄羅斯
白俄羅斯
烏克蘭
摩達瓦
哈薩克
吉爾吉斯
烏茲別克
土庫曼
塔吉克
亞美尼亞
亞塞拜然
喬治亞

真正歐洲人的「歐洲」並不存在

但是最先順位是，歐洲乃是美國在歐亞大陸的主要地緣政治橋頭堡。美國在歐洲的地緣戰略利害，非常巨大。不像美國與日本的關係，透過大西洋同盟美國已直接在歐亞大陸確立其政治勢力及軍事實力。在現階段的美、歐關係下，歐洲盟國仍高度依賴美國的安全保護，歐洲要擴大範圍將自動變成美國擴大直接的勢力範圍。反過來說，失去了跨大西洋同盟的支持，美國在歐亞大陸的優勢將迅速消退；美國控制大西洋，及把影響力深入到歐亞大陸的能力，將受到嚴重戕傷。

然而，問題是：這樣一個真正歐洲人的「歐洲」並不存在。這是一個願景、理念和目標，它還未成為事實。西歐已經是個共同市場，但離成為單一政治實體還很遙遠。政治統合的歐洲還有待出現。如果需要證據，波士尼亞危機就是歐洲迄未整合的一個慘痛證據。殘酷的事實是西歐大體上仍是美國的保護國，而且中歐也越來越成為美國的保護國；這些同盟國頗類似古代的屬國及朝貢國。就美國或歐洲各國而言，這都不是健康的狀況。

由於歐洲內部活力普遍下跌，事態益發嚴重。現有社會經濟制度的合法性，以致浮現出來的歐洲認同意識，都很薄弱。在若干歐洲國家中，我們可以發現信心危機及喪失創造動力，甚至其內觀傾向孤立主義，及逃避世界難局的心態。我們甚至不敢肯定，絕大多數歐洲人還希望歐洲成為一個強權，也不敢確定他們是否已預備採取必要作為，使歐洲成為強權。反美主義現已式微，但是殘餘的反美主義仍相當具諷刺意義：歐洲人一方面哀歎美國「霸權」趾高氣昂，一方面卻安於接受美國安全庇護。

歐洲的兩大建築師：德國、法國

歐洲統一的政治動力一度來自下述三個主流脈動：兩次世界大戰造成生靈塗炭，記憶猶新；渴望經濟能夠復甦；由於蘇聯威脅，令人沒有安全感。然而，到了一九九〇年代中期，這些脈動已經減弱。經濟復甦大致上已完成；如果要談大問題，歐洲越來越需正視社會福利制度負擔沉重，消耗掉經濟活力的問題；同時，特殊利益團體激烈反對任何改革措施，使得歐洲政治注意力轉為向內。蘇聯的威脅已經消失，而部分歐洲人渴望脫離美國羽翼而獨立自主，卻沒有轉化為歐洲大陸一定要統一的衝動。

歐洲統一越來越得到歐洲共同體(Eu-ropean Community)及其後繼組織歐洲聯盟(Eu-ropean Union)所創造的大型體制機制，它所激生的官僚動力的支持。統一的念頭仍然得到許多老百姓的支持，但已漸次降溫，缺乏熱情及使命感。大體上，今天的西歐傳遞出的形象是，困擾不少，焦點欠缺，生活安逸，社會上卻有一種浮躁心理，沒有任何大願景。歐洲統一越來越成為一種過程，不再是大業目標。

不過，法國和德國這兩個歐洲領導國家，大體上仍堅持要建構、界定一個真正是歐洲人的歐洲。因此，他們是歐洲的兩大建築師。他們攜手合作，可以建立一個不愧對先人、足可傲世的歐洲。但是，他們各自的願景及設計卻有差異，而且又沒有一國強大到可以自行其是。

這個情況賦予美國決定性的介入之大好機會。它需要美國代表歐洲統一而出現，否則統一就可能中止，甚至逐漸被放棄。但是，美國若要有效地介入歐洲的建造，就必須在下述議題上有清楚的見解：美國樂見、預備推進的歐洲是什麼樣的歐洲？平等夥伴或次要盟友？對歐洲聯盟及北約組織要擴大到什麼範圍，有沒有具體見解？它也需要審慎料理歐洲兩大建築師。

重振光榮與救贖心理

法國尋求以歐洲盟主身份重入江湖，德國希望藉由歐洲獲得救贖。兩者動機不同，可以說明為何法、德對歐洲的設計會有不同的內容。

就法國而言，歐洲是法國恢復歷史光榮地位的手段。即使在第二次世界大戰以前，有遠見的法國國際事務思想家，已經擔心歐洲在世界事務的重心地位已逐漸下降。數十年的冷戰期間，這份擔憂變成了痛恨「盎格魯．薩克遜」主宰西方陣營，也輕視西方文化受到「美國化」的影響。創造一個真實的歐洲（套句戴高樂的話，「由大西洋至烏拉山」全部涵蓋在內），足可彌補此一可悲可嘆的狀況。這樣一個歐洲，勢必由巴黎來主導，將同時使法國重獲天賦的偉大光榮地位。

就德國而言，堅守歐洲陣營是國家救贖的基礎，與美國保持親密關係則攸關德國安全。因此，更自主、不必事事追隨美國意旨的歐洲，不是一個可行的選擇方案。德國人認為：

救贖＋安全＝歐洲＋美國

這個公式界定了德國的立場與政策，使得德國同時是歐洲的真正好公民，及美國在歐洲最堅強的支持者。

德國把堅守歐洲陣營視為歷史的清掃工作，可以恢復其道德及政治的信譽。藉由歐洲而救贖，德國不僅恢復自己的偉大地位，還會得到一項不致於激動歐洲人仇德、懼德的任務、使命。如果德國只追求國家利益，會有與其他歐洲國家疏遠之虞；如果德國促進歐洲共同利益，可以得到歐洲人的支持與尊重。

這個重擔捨我其誰！

在冷戰的中心議題上，法國是個忠實、堅定的盟友，危機爆發時，與美國並肩面對。柏林兩度遭到封鎖、古巴飛彈危機事件，法國的堅定不移令人動容。但是法國對北約組織的支持卻受到一些折扣，因為法國同時也希望能自己有個別的法國政治意識，並且保留法國行動上的基本自由，尤其在攸關法國全球地位或歐洲前途的事務上，法國往往有自己的見解。

法國政治菁英在堅持法國仍是全球大國這個理念上，已經近乎狂想、偏執。法國總理居沛（Alain Juppé）一九九五年五月在國會宣稱：「法國能夠、也必須堅持做為世界大國的神聖使命」，博得與會人士一片掌聲。法國之所以堅持自行發展核子嚇阻武力，大體上是因為認為如此做，將可加強法國的行動自由，同時有能力可在美國就攸關西方同盟整體安全做出生死抉擇時，影響美國的決定。法國並非針對蘇聯要求提高地位，因為法國的核子嚇阻武力充其量也只能對蘇聯的作戰能力有邊際衝擊而已。法國認為，擁有核武器可以使法國在冷戰的高階層，且最危險的決策過程中，取得發言地位。

法國人認為，擁有核子武器強化了法國的全球大國地位，發言可以得到全世界的尊重。它實質上強化了法國做為聯合國安全理事會享有否決權的五個常任理事國之一的地位，因為五個常任理事國個個都擁有核武器。在法國人看來，英國的核子嚇阻武力根本就是美國的延伸，尤其是英國堅守英美特殊關係，且缺席不參與建構獨立的歐洲之作為（法國核子計劃得到美國秘密援助，在法國人做戰略評估時並不予以認真評量）。在法國人的思想裡，法國的核子嚇阻武力也加強了法國做為歐陸大國的統帥地位，這個重擔捨我其誰！

法國亦藉由堅持在絕大多數前法屬非洲國家，維持特殊的安全角色，而表達出全球雄心。儘管在越南及阿爾及利亞鏖戰多年，損失慘重，也放棄了廣大的帝國疆土，這種安全使命，加上法國仍然在太平洋據有若干島嶼（可供法國做為核子試爆地點），使得法國菁英強化信念，認為法國的確還有全球角色可以扮演，實際上它只是一個後帝國的中等歐洲國家而已！

上述種種背景不僅支撐，還激勵法國人以歐洲領袖自居。英國本質上是美國實力的附庸，且自外於歐洲事務；德國在整個冷戰時期分立為東、西德，且揮不走二十世紀歷史的陰影，法國可以攫取歐洲統一的理念，認同它，把它與法國的自身定位等同來對待處理。法國首創主權獨立的民族國家理念，把民族主義傳佈到人人奉如宗教信仰，深信不疑，很自然地以同等熱情自視為獨立、統一的歐洲之化身。法國領導的歐洲能夠輝煌，也就是法國自己的光榮成就。

發自深刻的歷史命運意識的此一特殊使命觀，更得到法國獨特的文化自傲所增強，對法國政策產生深邃影響。法國必須控制在自己勢力範圍內的重要地緣政治空間（或至少不能落到其他強國主宰的區域），可以在地圖上劃出一個圓圈。它包括伊比利半島、西地中海的北部海岸，以及直抵東歐、中歐的德國。（參見第八十一頁地圖）它不僅是法國安全的最低限度範圍，它也是法國政治利益的基本區域。唯有獲得南側國家支持，並且得到德國保證支持，建立一個以法國為首的統一、獨立的歐洲的目標，才能有效推動。很顯然，在這個地緣政治軌道裡，日益強大的德國必定最棘手，難以駕馭。

法國人的構想裡，要達成歐洲統一及獨立的中心目標，只要把以法國為首的歐洲統一，和同時、逐步減弱美國在歐洲大陸的優勢，結合起來就行。但是，法國若想建構歐洲的未來，它必須與德國交往、修好，同時還得逐步剝奪美國在歐洲事務上的政治領導地位。法國因而面對下列兩個基本難題：如何維持美國對歐洲的安全承諾（法國承認這仍不可或缺），並且降低美國駐歐軍力；如何維持法、德夥伴關係做為歐洲統一的政治、經濟大火車頭，同時還不讓德國在歐洲成為領導人。

法國如果真正是全球大國，解決這些難題就可能不會太困難。歐洲其他國家，除了德國以外，沒人有此一雄心，也未有這種使命感。甚至德國說不定都能被勸服，接受法國在

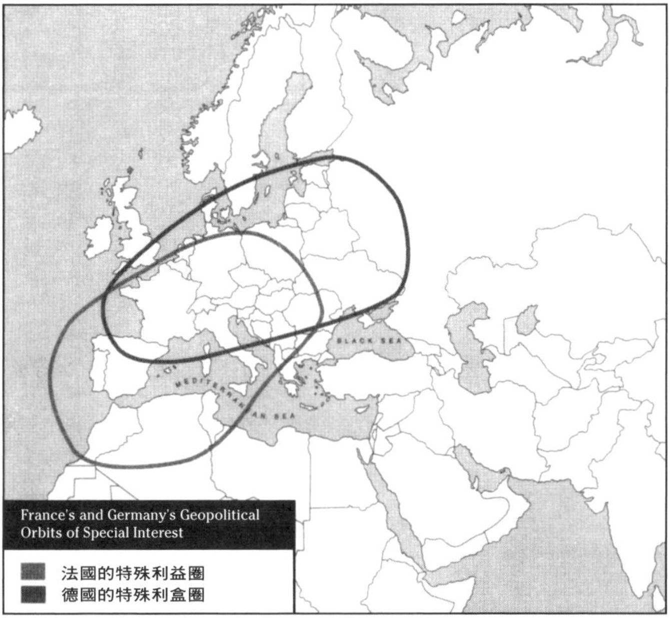

法國與德國的特殊利益地緣政治圈

統一且獨立（不受美國意旨主宰）的歐洲之領導地位，但是前提是，德國必須覺得法國的確是全球大國，能提供德國不能、美國卻能的歐洲安全保障。

然而，德國了解法國的真正實力。經濟上，法國比德國弱太多，軍力在一九九一年波斯灣戰爭期間也表現不如人意。它足可在非洲衛星國家敉平內部政變，卻無力保護歐洲，也無法在歐洲以外地區發揮重大實力。法國不折不扣，只能算是一個中等歐洲國家。因此，為了建構歐洲統一，德國願意讓法國自詡自大一下，但是要歐洲真正安全，它就不願盲目追隨法國領導，德國繼續堅持美國應該是歐洲安全的主角。

法國是政治領導人，德國以經濟為後盾

令法國自尊心難過的這個現實，在德國統一後變得益發清晰。在此之前，法、德修睦的確呈現出：法國是政治領導人，德國以經濟活力做後盾的面貌。這種形象事實上對法、德兩國都好，它緩和了歐洲傳統上畏懼德國的心理，而且強化法國領導人的虛榮心。

法、德修睦是歐洲的一項正面發展，其重要性不可謂不大。它提供一個關鍵基礎，使得歐洲統一的艱鉅過程迄今能有許多重大進展。因此，它可謂與美國利益完全吻合，也符合美國長期承諾促進歐洲跨國合作的精神。法、德合作關係一旦解體，將對歐洲造成致命

挫折，也將對美國在歐洲的地位釀成災禍。

美國默許、支持，使得法國與德國可以推動歐洲統一的程序。甚且，德國統一更使得法國增加把德國鎖定進歐洲架構的意願。因此，法國總統和德國總理一九九〇年十二月六日，承諾將推動歐洲成立聯邦；十天之後，歐洲共同體會員國在羅馬集會討論政治聯盟，雖然英國持保留態度，卻對十二個會員國外交部長清楚委託他們，研擬政治聯盟草約。

德國統一後，不甘為法國的扈從

然而，德國的統一也使歐洲政治的實質變數產生戲劇性大變化。它對俄羅斯及法國同時構成地緣政治大挫敗。德國統一後，不僅在政治上不再是法國的次要夥伴，也自動成為西歐無可爭議的大國，尤其透過重大財務捐獻去支持若干重要國際組織，德國甚至可以說已部分躍升為全球大國。①這個新現實在法、德關係上產生若干效應，德國現在可以、也願意公然清楚推進自己對歐洲未來前途的見解，仍然樂於與法國做夥伴，但不再甘為法國的扈從。

就法國而言，政治影響力因而減退，也有若干政策後果。法國多少必須在北約組織內部重新取得更大的影響力（原本為了抗議美國獨斷，法國大體上缺席、不積極參與北約組織)，同時還得透過外交運作，彌補本身相對弱勢。回到北約組織可能使法國可以多影響美國；偶爾與莫斯科或倫敦眉目傳情，或許可以自外界對美國及德國製造壓力。

因此，基於權謀運作而非爭鋒，法國又回到北約組織的指揮結構。到了一九九四年，法國實質上又已是積極參與北約組織政治、軍事決策的國家；到了一九九五年底，法國外交部長及國防部長再度定期出席盟國各項會議。但是，法國不是沒有索價：一旦全面加入，他們重申決心改革同盟建構，以便在美國領導及歐洲參與之間求取更大的均衡。他們要求全體歐洲會員國家能有較大的發言權，法國外交部長夏赫德（Hervé de Charette）一九九六年四月八日在一項演說中聲明：「就法國而言，〔修睦的〕基本目標是在同盟內強調歐洲色彩，使同盟在運作上有信用、在政治上又明顯易見。」

同時，巴黎亦預備在戰術上運用它與俄羅斯的傳統關係，以牽制美國的歐洲政策；甚且必要時亦重新喚醒昔日的法、英協和，來抵銷德國在歐洲蒸蒸日上的地位。這位法國外交部長在一九九六年八月幾乎明明白白宣示：「如果法國要扮演國際角色，它將因俄羅斯的強大而受惠，因協助俄羅斯重振國勢而受惠。」俄羅斯外交部長立刻回報，聲稱：「全世界領袖當中，法國在對俄關係上最具建設性態度。」②

法國初期對北約組織向東擴張之議，表示冷淡，部分乃是戰術運用，擬在與美國打交道時爭取一些籌碼。正由於美國和德國是支持北約組織擴大最力的國家，法國可以冷靜，默默跟隨，甚至表明關切這麼做對俄羅斯會有什麼衝擊，而與莫斯科有誠懇對話。就若干中歐人士來看，法國甚至予人一種印象，它並不嫌惡俄羅斯在東歐建立勢力範圍。打俄羅斯牌不僅可以制衡美國，也對德國傳遞訊息，它更對美國增加壓力，促使美國多採納法國對北約組織改革的提議。

北約組織要擴大，一定要得到全體十六個會員國無異議的一致共識決。巴黎明白它若保持緘默，不僅攸關此一共識決的是否通過，若是實際表態支持，更可阻卻其他會員國出面反對。因此，法國以支持北約組織擴大，脅挾美國的用心並非秘密，法國要美國滿足它改變同盟內部均勢，並且從事改組的決心。

法國起初對歐洲聯盟往東擴大之議，一樣冷淡，並不熱心支持。在這個議題上大體是由德國帶頭倡導，美國也支持，不過支持程度沒有對北約組織擴大案那麼大。雖然法國在北約組織內曾說，擴大歐洲聯盟可對前共產主義國家提供更合適的大傘，可是德國開始倡導歐洲聯盟迅速擴大，把中歐納入，法國立刻提出一些技術問題，並且要求歐洲聯盟也要同樣重視地中海南翼（這些歧見在一九九四年十一月法、德高峰會議上即已出現）。法國重視後者，獲得北約組織南方會員國支持，因此大大增加法國全面交涉力量。但是其代價是，法、德對歐洲的地緣政治觀點出現大鴻溝，要拖到一九九六年下半年，法國終於同意波蘭加入北約組織及歐洲聯盟之後，才稍微彌補此一鴻溝。

德國在大傘下公開承擔中歐的領導角色

鑒於歷史脈絡，法、德無可避免會有不同的地緣政治考量。自從第二次世界大戰結束以來，民主化的德國已認識到，要在東西對立的歐洲西半部之內建立歐洲共同體，法國與德國必須修睦合作。法、德修睦亦關係到德國的歷史復建。因此，接納法國的領導是必須付出的公平代價。同時，蘇聯持續對脆弱的西德威脅，使得效忠美國成為西德生存的先決條件——法國也不能不承認其生存繫於美國。但是，蘇聯瓦解後，要建立一個更大、更統一的歐洲，順從法國不僅已無必要，而且還說不定不利於目標。統一後的德國事實上已強過法國，法、德平等夥伴關係對巴黎已經夠寬大了；因此，法國勢必要接受德國欲與其跨大西洋盟國及保護人的安全聯繫之意願。

冷戰結束，與美國維繫安全合作關係，在德國又有了新的重要意義。過去，它屏障德國抵禦非常逼近的外來威脅，是德國終於能統一的必要先決條件。蘇聯已經垮台、德國恢復統一，與美國的關係提供一具大傘，德國在這具大傘下可以更公開承擔起在中歐的領導角色，而不致於同時威脅到鄰國。與美國保持良好關係不只是頒給德國一張行為良好的保證書，它還向德國的鄰國擔保，與德國有密切關係就等於與美國有良好關係。這一切都使得德國易於更公開界定其地緣政治優先目標。

德國在歐洲安定地屹立，不會加害鄰國，而且因美軍明白駐紮境內而安全無虞，現在就可以推動新獲自由的中歐融入歐洲結構的工作。它不會是舊日德國帝國主義的中歐同盟，而是一個友善的經濟復甦共同體，以德國投資及貿易去激勵，並且由德國扮演推薦贊助人，最後把這個新的中歐同盟納入歐洲聯盟及北約組織。以法、德同盟為德國堅定表現區域角色的重要論壇，德國不再需要在其自身的特殊利益軌道內羞澀、放不開。

在歐洲地圖上，德國的特殊利益軌道可以劃成一個橢圓形，在西側當然包括法國，在東側則含納中歐新獲解放的後共產主義國家，包括波羅的海三國，也納入烏克蘭及白俄羅斯，甚至及於俄羅斯。（參見第八十一頁地圖）在許多方面而言，這個特殊利益軌道吻合歷史上的德國文化勢力區域，是在前民族主義時代德國在東歐、中歐及波羅的海城市及農業殖民者所建立的一塊勢力圈，但是在第二次世界大戰後，它們統統被蘇聯佔領。更重要的是，法國的特殊利益範圍（前文討論過）及德國的特殊利益範圍，擺在這張地圖上一起觀照，事實上就界定了歐洲的東界及西界，兩者之間的重疊部分更刻畫出法、德結合做為歐洲重要核心的地緣政治重要性。

德國在中歐公開、堅定出現的重大突破，是一九九〇年代中期的德國、波蘭修好。統一後的德國起初並不情願，後來在美國督促下，正式承認德、波以奧得河、尼斯河為永久國界，這個步驟終於消除了波蘭對與德國建立親密關係的單一、最重大的保留因素。兩國後續又進一步展現若干善意、寬恕姿態，雙方關係遂突飛猛進。不僅德、波雙邊貿易有爆炸性進展（一九九五年波蘭超越俄羅斯，成為德國在東方的最大貿易夥伴），德國還成為波蘭加入歐洲聯盟最主要的推薦贊助人，甚且與美國攜手保薦波蘭加入北約組織。如果說，到了一九九〇年代中期，波、德修睦在中歐的地緣政治重要性不遜當年法、德修睦在西歐的衝擊，絕非誇大之語。

威瑪三角

透過波蘭，德國的影響可以往北伸進波羅的海國家，往東伸進烏克蘭及白俄羅斯。甚至，德、波修睦的範圍也又擴大，因為波蘭偶爾也被邀，加入法、德討論歐洲前途的重要會議。所謂「威瑪三角」在歐洲大陸創造了一個可能挺重要的地緣政治軸心，把三個有高度民族意識的國家、一億八千萬人口結合在一起（法、德、波蘭三國首度在德國威瑪舉行高階層三邊諮商，後來不定期陸續進行三邊諮商，因此得以取名為「威瑪三角」）。一方面，這進一步加強了德國在中歐的主導地位；另一方面，由於法、波參與三邊對話，德國角色多少受到制衡。

中歐接納德國的領導（小型中歐國家尤其樂於接受德國領導），由於德國明白承諾推動歐洲重要組織往東擴張，使它更深獲人心。德國如此做，與西歐過去根深柢固的一些舊觀念，可謂大大不同。西歐過去一直有種看法，認為發生在德國和奧地利以東的事件，不是歐洲真正必須關切的事。這個態度在十八世紀初由柏林布洛克勛爵(Lord Bolingbroke)表達得最清晰。③他堅稱，發生在東歐的暴亂，不關西歐的事。一九三八年慕尼黑危機時，這個態度又告出現；一九九〇年代中期波士尼亞衝突，英國及法國不幸又是以這種態度看待它。在辯論歐洲前途時，它還潛藏在表象底下。

相反地，在德國內部唯一的辯論是：究竟是北約組織，還是歐洲聯盟應該先擴大？（國防部長主張先擴大北約組織，外交部長主張先擴大歐洲聯盟。）因此，德國成為主張歐洲統一、擴大的無可爭議之急先鋒。德國總理倡議以西元二〇〇〇年為歐洲聯盟首度向東擴大的目標年；德國國防部長則首倡北約組織成立五十週年日，是同盟向東擴張最合適的象徵日期。因此，德國對歐洲前途的見解與它的主要歐洲盟國大相逕庭：英國宣布支持歐洲擴大，因為它認為歐洲擴大是稀釋歐洲統一的妙方；法國擔心擴大後會使德國地位上升，因此主張基礎較狹窄的整合。德國兼具兩者之長，因此在中歐獲得大家支持。

美國的中心目標

美國的中心議題是如何建構一個以法、德結合為基礎的歐洲，一個能存活的歐洲，依然與美國保持關係，並且能擴大民主的國際體系合作，使美國得以有效發揮全球盟主的力量。因此，這不是在法國與德國之間做選擇的問題。缺了法國或德國任何一國，就沒有歐洲。

由上述討論可以得到下列三個結論：

第一、美國需要參加歐洲統一的事業，以彌補侵蝕歐洲活力的道德與宗旨危機、克服歐洲人普遍懷疑美國根本不會真心支持歐洲統一的心理，並且在歐洲統一中注入亟需的民主熱。這需要美國清清楚楚承諾，必會接受歐洲做為美國的全球夥伴。

第二、短期內，有必要戰術性反對法國政策，及支持德國做領袖；長期而言，如果真心要促成道道地地的歐洲，歐洲統一就必須涉及到更明確的歐洲政治及軍事的身份認同。這需要對法國的跨大西洋體制權力分配的觀點，採取若干漸進的寬容接納。

第三、法國或德國都不夠強大到足可獨力建構歐洲，或與俄羅斯解決歐洲地理範圍界定模糊的問題。這需要美國有活力、專注、堅決的參與介入，尤其是與德國合作，界定歐洲的範圍；而且要處理妥當諸如在歐洲體系內波羅的海各國及烏克蘭的最終地位這些敏感議題，尤其是俄羅斯對這些議題的主張。

歐洲無法成為單一民族國家，但是可以成為一實體

只要一瞥廣大的歐亞大陸，就明白歐洲橋頭堡對美國的地緣政治重大意義，以及美國本身地理位置的無足誇耀。維持此一橋頭堡，並且擴張此一橋頭堡做為民主跳板，直接關係到美國的安全。美國關切全球穩定及民主之散布，以及歐洲似乎對這些議題漠不關心（不過法國倒一再以全球大國自居），兩者之間的鴻溝必須填平；唯有歐洲逐漸承擔起更具邦聯性格，才可能弭平此一鴻溝。由於各國傳統多元、堅靭難移，歐洲沒有辦法成為一個單一的民族國家，但是它可以成為一個實體，透過其共同的政治體制集累起來反映出共同的民主價值，把自身利益認同其普及化，並且對歐亞大陸的共同住民發揮磁性吸引力。

如果聽任他們自由發展，歐洲人有被自身內部顧慮所消耗之虞。歐洲的經濟復原令人忽略了它似乎成就不凡的長程成本代價。這些代價在經濟上，乃至政治上都有傷害力。西歐越來越面對、卻無力解決的政治合法性及經濟存活力的危機，深深植根於國家支持的社

會結構廣泛擴充其夥伴主義、保護主義及地方狹隘意識。結果就造成一種結合逃遁主義的縱樂思想及精神空虛的社會文化條件，這種情況很容易被民族主義的極端份子，或專斷的意識型態偏執狂所利用。

這種情況若不加約束、蔓延開來，會對民主政治及歐洲一家的理念產生致命影響。事實上，這兩者息息相關，因為歐洲的新問題，姑不論是移民，或與美國、亞洲的經濟、技術競爭力，甚至是需要對既有社會經濟架構進行政治穩定的改革，只有在整個大陸脈絡內才能夠有效處理。歐洲要超脫其偏狹意識，也就是以推動民主政治、推廣對基本人性價值更尊重的全球角色自許的歐洲，極可能是一個堅拒政治極端主義、狹隘的民族主義或社會縱樂主義的歐洲。

我們無需激起昔日對德、俄修睦的恐懼，也無需誇大法國戰術性撩撥莫斯科的後果，去表示關懷歐洲的地緣政治穩定，以及美國在其中的地位及角色。歐洲雖努力推動，迄今卻仍一事無成，在這方面的失敗事實上可重新引發傳統的歐洲權謀運作。它一定會給俄羅斯或德國的地緣政治野心製造機會，不過如果歐洲的現代史能給我們留下教訓，那就不會使俄羅斯或德國在這方面獲致持久的成績。然而，在非常小的程度上，德國可能在界定其「國家」利益上會變得強硬及明確。

如果歐洲統一及擴大受挫，我們有理由相信德國會出現……

目前，德國的利益與歐洲聯盟及北約組織的利益相吻合，甚至亦昇華為歐洲聯盟及北約組織的利益。即使左翼的九〇同盟暨綠黨，也支持擴大北約組織及歐洲聯盟。但是如果歐洲統一及擴大受挫，我們有理由相信德國會出現更具民族主義意識界定的歐洲「秩序」觀念，危害到歐洲的穩定。德國眾議院基督教民主黨領袖沃夫岡・蕭卜勒(Wolfgang Schauble)，極有可能接替柯爾總理領導德國，當他聲稱德國不再是「西方反抗東方的堡壘；我們已變成歐洲的中心」時，已透露出此一心態；他又故意指出，「在中世紀漫長時期……日耳曼涉及到創造歐洲秩序」。④在這個願景下，中歐同盟將成為德國明顯政治優位的區域，也是德國片面對東方及西方集團政策的基礎，而不是以德國經濟居優勢為自足。

歐洲將因之不再是美國力量在歐亞大陸的橋頭堡，也不再是民主的全球體制擴張到歐亞大陸的潛在跳板。這也正是為何美國必須保持毫不含糊、具體支持歐洲統一的原因。雖然在歐洲經濟復甦期間，以及跨大西洋安全同盟之中，美國一再聲稱支持歐洲統一，也支持歐洲的跨國合作，但是它也一再表現出寧願與歐洲個別國家，而非歐洲聯盟處理棘手的經濟、政治問題的偏好。偶爾美國會在歐洲決策過程中堅持主見，更使歐洲人懷疑，美國要的是以美國馬首是瞻的歐洲合作，而不是歐洲自訂決策的歐洲合作。如果美國傳遞的是這種訊息，那就錯了！

歐洲跨國統合的熱忱消退

美國承諾支持歐洲統一（一九九五年十二月美、歐馬德里聯合宣言又再次強力重申），要到美國不僅毫不含糊聲明、且需以實際行動表示它已預備接受歐洲成為真正的歐洲之時，才不致淪為空話。就歐洲而言，最後的結果將需與美國建立真正的夥伴關係，而不是居於受惠的、次要盟國的地位。直正的夥伴關係，表現在決策及責任上都要共享共擔。美國支持這個大業將有助於鼓舞跨大西洋對話，也刺激歐洲人更嚴肅專注真正的歐洲究竟可能在世界事務扮演何種角色的思考。

我們可以理解，到了某一時點，真正統一且強大的歐洲聯盟將成為美國的全球政治對手。它也必然會成為難纏的經濟、技術競爭者，同時它在中東及其他地方的地緣政治利益，有可能大為悖離美國的利益。但是，事實上，這樣一個強大、而政治上又意志集中的歐洲，在可預見的將來並不可能出現。不像美國獨立建國時美洲盛行的狀況，歐洲民族國家的彈性有深刻的歷史根源，而且歐洲跨國統合的熱誠也已明顯消退。

今後一、二十年的真實選擇是，一個擴張、統合中的歐洲，雖然步履躊躇、時而間斷，卻追求著歐洲大陸統一的目標；一個停滯的歐洲，沒有超越出現今的統合狀況及地理範圍，而中歐依然是地緣政治的無主之地；甚或可能由於停滯的後果，歐洲逐步又分裂，回復到舊日的權力爭雄對敵。在停滯不前的歐洲裡，幾乎無可避免地德國對歐洲的自我認同將會消退，促成更以民族主義立場去界定德國的國家利益。就美國而言，第一案顯然最好，但是這個方案要順利，美國必須熱切予以支持。

在歐洲步履蹣跚建設的現階段，美國需要不直接介入對下述議題錯綜複雜的辯論：歐洲聯盟應否以多數決決定外交、政策（德國特別支持此一立場）；歐洲議會應否具備決定性的立法權、位於布魯塞爾的歐洲理事會應否實質上成為歐洲最高行政機關；執行歐洲經濟及貨幣聯盟的協定，時間表應否放鬆；或者，歐洲應否成為廣泛的邦聯，或是一個多層次的實體，有聯邦似的內核心及稍為鬆弛的外緣。這些問題應該由歐洲人自己去研商解決——而且很可能，所有這些問題的進展都不會太平順，偶爾會中止，最後還只有藉由複雜的折衷妥協，才能推進。

歐洲經濟暨貨幣聯盟將在西元二〇〇〇年之前出現

縱使如此，我們仍可合理地假定，歐洲經濟暨貨幣聯盟將在西元二〇〇〇年之前出現，或許初期歐聯現有十五個會員國，只有六至十個國家先加入。這將加速歐洲超越金融層面的經濟整合，進而鼓勵其政治整合。因此，歐洲藉由比較整合的內核心及比較鬆弛的外緣架構，將可在歐亞大棋盤上逐漸成為重要的棋手。

總之，美國不應傳遞出一種印象，讓人認為美國希望歐洲雖然擴大，卻是個比較模糊的組合，它應該言行一致，重申美國樂意以歐洲聯盟做為美國的全球政治及安全夥伴，而不是只把歐洲當做透過北約組織與美國結盟的各國所組成的區域共同市場。要使這個承諾更可信，並超越夥伴關係的泛泛之言，應該提倡與歐洲聯手規劃有關雙邊跨大西洋新決策機制。

同一原理也應運用在北約組織上。維持北約組織攸關跨大西洋關係。在這個議題上，美、歐有一面倒的共識。先去了北約組織，歐洲不僅將弱不禁風，而且幾乎立刻會在政治上分離破碎。北約組織確保歐洲的安全，而且提供一個穩定的架構去追求歐洲統一。這正是北約組織在歐洲歷史具有舉足輕重意義的原因。

然而，在歐洲逐步、遲遲疑疑統一之時，北約組織的內部結構及程序也必須調整。在這一個議題上，法國的見解有道理。我們不能在有朝一日出現了真正統一的歐洲，卻還有一個同盟，仍然以一個超級大國加上十五個屬國為基礎去統合。一旦歐洲開始承擔起本身真正的政治身份，歐洲聯盟逐漸承擔超國家政府的功能，北約組織勢必將以一加一（即美國加歐聯）的方程式去改組。

這不會在一夜之間發生

這不會在一夜之間出現。往這個方向的進展，將會步履蹣跚。但是這種進展必須反映在現有的同盟安排上，以免因缺乏此一調整，反而成為進一步進展的障礙。往這個方向的一大重要步驟就是同盟在一九九六年決定成立「統合特遣部隊」(Combined Joint Task Forces)，因而有可能以同盟的後勤，以及指揮、控制、通訊和情報為基礎，做出純粹的歐洲軍事決定。美國願意更加寬容接納法國希望在北約組織內的西歐聯盟出頭扮演要角，尤其在軍事指揮及決策上多發言，將增強美國真心支持歐洲統一的印象，也可有助於彌補美、法對歐洲自我界定之間的鴻溝。

長期而言，西歐聯盟有可能納入若干歐洲聯盟國家，他們基於不同的地緣政治或歷史原因，可能選擇不要加入北約組織。這些國家可能包括芬蘭、瑞典，甚至奧地利；他們全已取得西歐聯盟的觀察員地位。⑤其他國家也可能先尋求加入西歐聯盟，然後再申請成為北約組織會員國。西歐聯盟也或許會選擇在某一時點效法北約組織的和平夥伴方案，吸納可能加入歐洲聯盟的國家。以上種種都將有助於編織一個更廣泛的歐洲安全合作網，超越跨大西洋聯盟的正式範疇。

與此同時，在一個更大、更統一的歐洲出現之前（縱使條件樣樣順利，這都不會立即出現），美國將必須與法國及德國密切合作以促進歐洲果真擴大及統一。因此，針對法國，美國關鍵的政策難題，將是如何誘導法國接受大西洋盟國在政治、軍事上更親密整合，而不致有損美、德關係；針對德國，美國如何去利用德國在大西洋歐洲的領導地位，而不會引起法國、英國以及若干歐洲國家的疑慮。

美國對大西洋同盟未來情況越展現彈性，越有助於號召法國支持同盟向東擴大。就長期而言，在德國東、西兩側出現北約組織的統合軍事安全區，將把德國更堅實定著在多邊架構之內，這就有賴法國的支持。甚且，同盟擴大也會增加德、法、波蘭這個「威瑪三角」成為制衡德國在歐洲領導地位的精緻工具之可能性。雖然波蘭依賴德國支持，以便加入同盟，它也痛恨法國目前對擴大北約組織的遲疑態度，一旦它加入同盟，法、波極可能出現共同的地緣政治觀點。

美國應牢記：要把民主的德國永久鎖定在歐洲之內，法國是不能少的夥伴

總之，華府不應忘掉，法國只是在有關歐洲認同及北約組織內部運作等問題上的短期對手。更重要的是，美國應牢記在心，在把民主的德國永久鎖定在歐洲之內這項重大工作上，法國是不能少的夥伴。這乃是法、德關係的歷史角色，並且歐洲聯盟及北約組織的向東擴張，應該強化這層關係做為歐洲內核心的重要性。最後，法國並未強大到足可阻礙美國的對歐政策之地緣戰略根基，或足可自己躍居歐洲領袖，因此法國的孤僻，甚至耍脾氣，都可以容忍。

我們也應當注意到，法國在北非及前法屬非洲國家中扮演建設性角色。它是摩洛哥和突尼西亞的最重要夥伴，也是阿爾及利亞穩定的關鍵角色。法國如此介入，有它的國內考量因素：目前法國境內有五百萬名回教徒居民。因此，法國對北非的穩定及有秩序的發展，可謂有著休戚與共的重大利害關係。但是，這層利益關係對歐洲安全更為有利。沒有法國的使命感，歐洲的南側將更加不穩定、更有威脅性。整個南歐越來越關切地中海南岸不穩定所造成的社會、政治威脅。法國對發生在地中海南岸的情勢密切關心，因此可謂十分攸關歐洲的安全考量；美國偶爾必須處理法國過分主張具有特殊領導地位時，應該考量到這

層因素。

由柏林帶領建設歐洲，根本不可行

德國又是另一回事。沒有人能否定德國的主導角色，但是在公開支持德國在歐洲的領導角色時，卻必須謹慎小心。若干歐洲國家可能基於權宜之計，接受德國做領袖（譬如，中歐國家感謝德國提倡歐洲東向擴張），西歐國家在德國被置於美國優勢駕馭下也可能容忍此事，但是就長期而言，歐洲的建設不能以德國為首做基礎，歷史上德國的稱霸依然記憶猶新，令人擔心。由柏林帶領建設歐洲，根本不可行。這也正是為什麼德國需要法國的原因，歐洲需要法、德修睦的原因，也是為什麼美國不能在法、德之間偏袒選擇其中之一的原因。

有關北約組織擴大有一個基本要點，就是它是內建在歐洲本身擴大的一個過程。如果歐洲聯盟要變成一個地理範圍更大的共同體（以更加統合的法、德為領導核心，並有比較寬鬆的外緣關係），而且這個歐洲的安全是以與美國繼續結盟為基礎，接下來就是地緣戰略上最暴露的中歐，基於安全意識，就不能被明白排除在其他歐洲國家透過跨大西洋同盟享有的保障之外。在這一點上面，美國與德國有共識。就他們而言，主張歐洲向東擴大是政治上、歷史上的因素，是建設性的，它不是出於憎惡俄羅斯、畏懼俄羅斯，也不是希望孤立俄羅斯。

因此，美國必須特別密切與德國合作，推動歐洲向東擴張。美、德在這個議題上合作，並且共同領導，非常必要。如果美國及德國一起鼓勵北約組織其他盟國也支持此一步驟，擴張就會實現；如果俄羅斯願意妥協，他們可以有效地協商對俄羅斯做些讓步（詳見第四章）；或者也可以堅信建設歐洲的工作不能屈從於莫斯科的反對就不做，而堅定推行。因此，要獲致北約組織全體會員國一致的同意，就特別需要美國及德國聯手施壓，如果美國及德國聯手推動，沒有一個北約組織會員國能否定它。

這項作為最後攸關的利益乃是美國在歐洲的長程角色。新的歐洲還在構組中，如果新歐洲在地緣政治上仍保持做為「歐洲—大西洋」的一部分，北約組織的擴大就有必要。的確，如果由美國發起的擴大北約組織的努力受到延宕、動搖，美國就不可能會有針對整個歐亞大陸的完整政策。在這方面失敗，會使美國的領導信譽受傷；會使中歐國家士氣沮喪，甚至會使俄羅斯目前對中歐已經蟄伏或垂死的地緣政治雄心，又告復甦。就歐洲而言，這將是自己作踐受傷，將對歐亞安全架構的歐洲大柱造成重大傷害；就美國而言，它將不僅是一項區域性質挫敗，也是一項全球性質的重大挫敗。

指導歐洲逐步擴大的底線，必須是下述立場：在現有跨大西洋體系之外的國家，沒有權力否決任何合格的歐洲國家加入歐洲體系——而且沒有一個合格的歐洲國家應被排除最後加入歐洲聯盟或北約組織的優先權。尤其是十分脆弱、越來越合格的波羅的海國家，有權利明白他們最後將可成為歐洲聯盟或北約組織的全權會員國——同時，一旦其主權受到威脅，勢必牽連到擴大中的歐洲及其美國夥伴的利益。

基本上，西方（尤其是美國及其西歐盟國）必須對捷克總統哈維爾(Vaclav Havel)一九九六年五月十五日提出的問題做答。哈維爾曾說：

> 我明白歐洲聯盟及北大西洋盟國都不可能一夜之間開門迎接所有想加入的國家。但是兩者最確信可以做到——而且事不宜遲應該做的是——對具有共同價值觀的整體歐洲，明白保證它們不是一個封閉的俱樂部。它們應該制訂一個清晰、詳盡的逐步擴大政策，不僅包含一個時間進度表，也要說明此一進度表的邏輯。

歐洲的歷史性時間進度表

雖然在現階段，歐洲的最終東界還不能明確界定或最終固定，就最廣義的意義而言，歐洲是個共通的文明體，傳承自共同的基督教傳統。歐洲比較狹隘的西方界限，是以羅馬及其歷史遺緒為基礎；但是歐洲的基督教傳統也涉及到拜占庭及俄羅斯衍生的東正教。因此，就文化上而言，歐洲不能僅限於使徒彼得所傳承的歐洲，反過來說，使徒彼得所傳承的歐洲也比西歐範圍大——不過，近年來西歐已漸奪走「歐洲」的身份。即使只要一瞥第一〇四頁的地圖，也可以明白現有的歐洲根本不是一個完整的歐洲。更糟的是，這個歐洲在歐洲及俄羅斯之間有一塊不安全的地區，會對雙方產生吸納作用，無可避免地引起緊張與敵對。

查理曼大帝的歐洲（僅限於西歐），在冷戰期間有它的必要性，但現在這樣的歐洲卻是異常狀態。這是因為除了做為文明體之外，興起中的統合歐洲也是一種生活方式、一種生活水準，以及共有民主程序的政體，不受種族及領土衝突之苦。這樣的歐洲實際潛力遠大於其目前的正式版圖範圍。中歐若干較先進、政治穩定的國家，它們全都具有西歐使徒彼得的基督教傳統，如捷克共和國、波蘭、匈牙利，或許再加上斯洛維尼亞，都明白夠資格

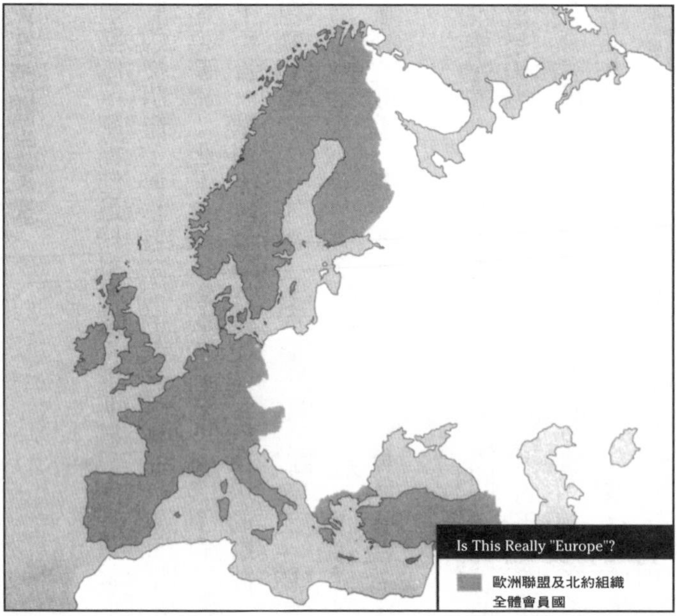
Is This Really "Europe"?
歐洲聯盟及北約組織
全體會員國

「歐洲」真的是如此嗎？

加入「歐洲」，也渴望與跨大西洋安全體制建立關係。

照目前的狀況，擴大北約組織，納入波蘭、捷克共和國及匈牙利，可能在一九九九年前實現。經過這個初始、重大的一步之後，北約組織此後要再擴大，很可能就必須與歐洲聯盟的擴大同步，或接在它後面進行。歐洲聯盟的擴大涉及到相當繁複的過程，不僅審查階段關卡多，而且要符合會員國條件也嚴格。（參見第一〇六頁附表）因此，中歐國家第一個加入歐洲聯盟者，可能在西元二〇〇二年以前都不會發生，甚至還可能拖延到更後面去。不過，在北約組織頭三個新會員國也加入歐洲聯盟之後，歐洲聯盟及北約組織都必須面對擴大納入波羅的海三國、斯洛維尼亞、羅馬尼亞、保加利亞和斯洛伐克，或許甚至也納入烏克蘭為會員國的問題。

值得注意的是，對於可能成為會員國的國家之事務及行為，入會的希望現在已經產生建設性的影響。明白歐洲聯盟及北約組織都不希望再受到會員國之間有關少數民族權利或領土主權紛爭的困擾（土耳其及希臘紛擾不休已經夠煩了），已經使斯洛伐克、匈牙利和羅馬尼亞有充分誘因獲致協議，以符合歐洲理事會訂下的入會標準。只有民主國家才能獲准入會，這個一般原則也發揮功效。渴望入會、不願被遺漏在外，對這些新興民主國家產生重大的增強衝擊。

總之，我們必須明白，歐洲的政治統一及安全沒辦法分開。就實務而言，事實上很難

歐洲聯盟入會申請程序

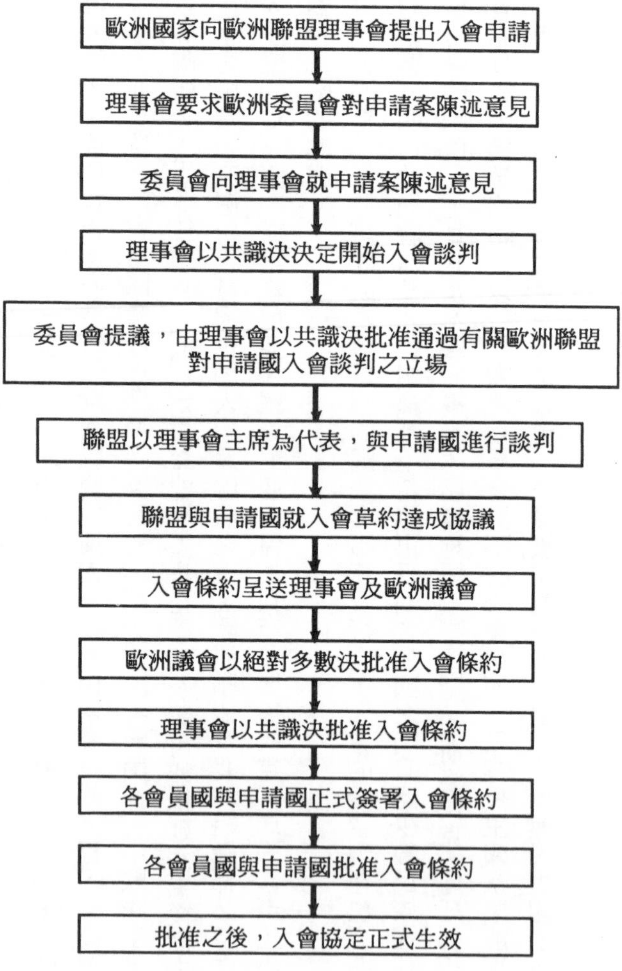
歐洲國家向歐洲聯盟理事會提出入會申請
理事會要求歐洲委員會對申請案陳述意見
委員會向理事會就申請案陳述意見
理事會以共識決決定開始入會談判
委員會提議，由理事會以共識決批准通過有關歐洲聯盟對申請國入會談判之立場
聯盟以理事會主席為代表，與申請國進行談判
聯盟與申請國就入會草約達成協議
入會條約呈送理事會及歐洲議會
歐洲議會以絕對多數決批准入會條約
理事會以共識決批准入會條約
各會員國與申請國正式簽署入會條約
各會員國與申請國批准入會條約
批准之後，入會協定正式生效

想像一個真正統一的歐洲，卻與美國沒有共同的安全安排。因此，已經開始與歐洲聯盟談判入會，和受邀要進行入會談判的國家，應該自動被認為實際上將會受到北約組織的保護。

因此，擴大歐洲及擴大跨大西洋安全體系的過程，可能按照深思熟慮的階段推進。假設美國及西歐持續承諾，審慎務實的階段表或許會如下述揣測進行：

一、在一九九九年，頭三個中歐新會員國將會獲准加入北約組織，不過它們加入歐洲聯盟一事可能不會在二〇〇二年或二〇〇三年以前實現。

二、同一時間，歐洲聯盟將開始與波羅的海三國進行入會談判，北約組織也可能將開始與波羅的海三國以及羅馬尼亞研商入會問題，並可望於二〇〇五年完成入會程序。在這個階段的某一時刻，巴爾幹半島其他國家可能也會合乎資格申請入會。

三、波羅的海三國入會可能促使瑞典及芬蘭也考慮加入北約組織。

四、大約在二〇〇五年至二〇一〇年間，烏克蘭若是在國內改革有重大進展，並且更順利明顯認同為中歐國家，它應該可預備與歐洲聯盟及北約組織展開入會的認真談判。

與此同時，法、德、波蘭在歐洲聯盟及北約組織內的合作將會相當深刻，尤其在國防領域方面的合作會十分密切。這項合作可能成為歐洲擴大安全安排的西方核心，此一擴大的歐洲安全體系或許還會把俄羅斯及烏克蘭納入。考量到德國及波蘭對烏克蘭的獨立具有特殊的地緣政治利益，也頗有可能會把烏克蘭逐步拉攏，加入法、德、波特殊關係。到了西元二〇一〇年，法、德、波、烏政治同盟，轄下有二億三千萬人口，將演變成強化歐洲地緣戰略深度的一種夥伴關係。（參見第一〇九頁地圖）

上述劇本是以友善狀態出現，或是以與俄羅斯緊張升高之勢出現，具有十足重要性。俄羅斯應該持續獲得擔保，通往歐洲的大門一直開著，俄羅斯最後加入擴大後的跨大西洋安全體系之門，甚至在未來某時點，加入新成立的跨歐亞大陸安全體系之門，也都開放不閉。要使這些擔保有可信度，應該非常審慎促進俄羅斯與歐洲間在所有領域的各種合作關係（俄羅斯的對歐洲關係，以及烏克蘭在這方面的角色如何，將在第四章更詳盡討論）。

如果歐洲在統一及擴大兩方面都順利，如果俄羅斯同時也成功地完成民主的固化及社會的現代化，在某一時候俄羅斯也可以與歐洲產生有機的關係。這層有機關係甚至可能使得跨大西洋安全體系，竟與跨歐亞大陸安全體制合而為一。然而，就實際的現實而言，俄羅斯正式加盟入會的問題，在相當一段時間內仍不會出現，因此我們不宜峻然關門。

結論是，雅爾達的歐洲已逝，重要的是不要再回復到凡爾賽的歐洲。歐洲結束分裂，不應退回到民族國家紛爭擾攘的歐洲，應該開始組構一個更大、更統合的歐洲，以擴大北

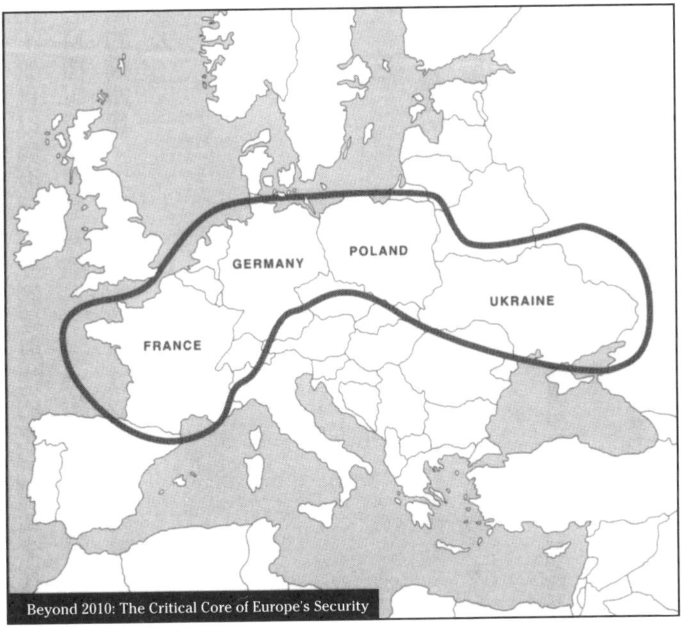

2010 年之後，歐洲安全的關鍵核心

約組織來強化，並且以與俄羅斯發展建設性的安全關係來增進安全。因此，美國在歐洲的地緣戰略中心目標可以簡單地歸納為下述一句話：透過真正的跨大西洋夥伴關係，固化美國在歐亞大陸的橋頭堡，以便擴大的歐洲能成為有力的跳板，能把國際民主及合作體制灌輸到歐亞大陸去。

註釋：

① 例如，就整體預算的百分比而言，德國捐款佔歐洲聯盟的二八・五％，佔北約組織的二二・八％，佔聯合國的八・九三％；此外，德國還是世界銀行及歐洲復興開發銀行最大的股東。

② 見一九九六年八月十二日《新觀察家》。

③ 參見柏林布洛克勛爵所著《歐洲史・由庇里牛斯山和平至路易十四世之死》。

④ 見一九九六年八月二日《*Politiken Sondag*》。

⑤ 值得注意的是，芬蘭及瑞典境內已出現有影響力的聲音，開始討論加入北約組織的可能性。據瑞典媒體報導，一九九六年五月，芬蘭國防軍總司令提出北約組織是否可在北歐領土部署

軍隊的問題。；一九九六年八月，瑞典國會國防委員會在一項象徵逐步傾向與北約組織加深安全合作的行動中，建議瑞典加入只有北約組織會員國才准加入的西歐軍備小組(Western European Armaments Group)。

4 The Grand Chessboard

黑洞
The Black Hole

一九九一年底世界版圖最大國家的瓦解，在歐亞大陸正中央製造出一個「黑洞」，好像地緣政治家的「心臟地帶」被突然由全球地圖上扯掉。

就美國而言，這個困惑的地緣政治新局勢構成非常嚴重的挑戰。可以理解到，當務之急就是在這個依然擁有強大核武力、卻土崩瓦解的國家，降低政治無政府狀態或有敵意的獨裁政權復活之機率。但是，長程目標仍是：如何鼓勵俄羅斯的民主轉型和經濟復甦，同時避免又出現一個歐亞大陸帝國，破壞美國建構一個可與俄羅斯有穩定、安全關係的歐洲——大西洋體系之地緣戰略目標。

蘇聯的崩潰乃是版圖一度可媲美、甚至超過成吉思汗大帝國的中、蘇共產主義集團漸進瓦解的最後階段。這個比較現代的跨歐亞大陸共產集團壽命很短，狄托領導的南斯拉夫不服蘇聯駕馭，毛澤東領導的中國也不聽命莫斯科，顯示民族主義思想強過意識型態框框，可謂共產主義陣營的致命傷。中、蘇集團持續約十年，蘇聯持續約七十年。

全世界赫然發覺蘇聯的自我毀滅竟然如此快速

然而，更具地緣政治影響的乃是歷時好幾百年以莫斯科為領導的大俄羅斯帝國的瓦解。由於蘇維埃制度在社會經濟及政治上全盤失敗，突然導致帝國崩潰——事實上蘇聯的流弊由於其有系統地保密及自我孤立，幾乎隱瞞到最後關頭，因此，全世界赫然驚覺到蘇聯的自我毀滅竟然那麼快速。一九九一年十二月短短兩個星期內，俄羅斯、烏克蘭和白俄羅斯三個共和國領導人聯手宣告解散蘇聯，正式以一個比較模糊的實體取代它——這個所謂「獨立國協」包括所有前蘇聯加盟共和國，但是不含波羅的海三國；接下來，蘇聯總統勉強辭職，蘇聯國旗最後一次由克里姆林宮降下；最後，俄羅斯聯邦（現在是以俄羅斯人佔絕大多數、人口一億五千萬的民族國家）成為前蘇聯的實質繼承人，而其他的共和國（人口合計也約一億五千萬人）各自主張不同程度的獨立主權。

蘇聯的崩潰製造出地緣政治上極為巨大的混亂。俄羅斯人民可以說比外界更沒有提防到蘇聯會瓦解，短短兩星期內，突然發覺他們不再是個跨洲大帝國的主人，俄羅斯的領土大為縮水：在高加索退回到一八〇〇年代初期狀況、在中亞退回到十九世紀中葉狀況，最令人傷痛的是在西線，恢復到大約一六〇〇年沙皇恐怖伊凡下台不久的版圖。失去高加索，令人產生戰略性憂懼，擔心土耳其勢力會復活；失去中亞，令人對不再能掌握本區域豐富的能源及礦物資源悵然若失，也擔心伊斯蘭勢力將死灰復燃；烏克蘭的獨立更直接挑戰俄羅斯一向自命為泛斯拉夫民族大家長的地位。

現在有兩千多萬俄羅斯人變成外國居民

數百年來由沙皇帝國、以及四分之三個世紀由俄羅斯人主導的蘇聯所統轄的領土，現在出現十二個國家，除了俄羅斯之外，絕大多數根本沒有準備好迎接真正的主權獨立地位，其領土及人口大小參差不齊，大者如烏克蘭人口五千二百萬，小者如亞美尼亞人口僅有三百五十萬。它們能否存活還不確定，而且莫斯科是否願意永久接受新現實也一樣還不可預料。俄羅斯人受到歷史大震撼更是難以筆墨形容：現在有兩千多萬俄羅斯人變成外國居民，這些新興獨立國家政治菁英民族意識益加上漲，在經歷數十年的高壓俄化政策後決心強調自己的意識。

俄羅斯帝國的崩潰在歐亞大陸正中央製造出權力真空狀況。不僅新興獨立國家又弱又亂，俄羅斯本身亦因動亂產生大規模的體制危機，尤其是企圖打倒舊蘇維埃社會經濟模式的動亂伴隨著政治騷動發生。俄羅斯擔心回教徒接掌新獨立的塔吉克而派兵干預，加上在車臣用兵殘暴鎮壓的政治、經濟代價高昂，全國動盪益發激烈。最痛苦的莫過於俄羅斯國際地位一落千丈，一度是世界兩大超級大國之一，現在雖然還擁有大量（卻已漸老舊）的核武力，卻被許多人視為僅略勝第三世界區域大國一籌而已！

地緣政治的真空可以由俄羅斯社會危機之規模見其一斑。四分之三個世紀的共產黨統治，對俄羅斯人民造成史無前例的生態傷害。非常高比例的才智菁英在古拉格勞改營裡被摧殘殺害，其數字以百萬計。而且，俄羅斯在本世紀又經歷第一次世界大戰的蹂躪、內戰曠日持久的屠戮，以及第二次世界大戰的摧殘。共產黨統治者施行令人窒息的教條理論，又把國家與全世界孤立閉鎖。它的經濟政策完全不理會生態環境需求，造成環境及人民健康的大禍害。根據俄羅斯官方統計，在一九九〇年代中期，俄羅斯新生嬰兒只有四〇%生下來健康無病，大約五分之一的俄羅斯一年級小學生都有某種程度的心智遲滯症狀。男性平均壽命降低到五十七點三歲，而且俄羅斯人口死亡率高於出生率。俄羅斯的社會狀況，事實上不啻一個典型的中等第三世界國家。

俄羅斯人民在本世紀所遭遇的憂患與創痛，遠非我們筆墨可以形容。幾乎沒有一個家庭有機會過正常的文明生活。我們不妨想想下述一連串事件的社會影響：

- 一九〇五年日俄戰爭，俄國慘敗；
- 一九〇五年第一次無產階級大革命，激起大規模城市暴動；
- 一九一四至一九一七年第一次世界大戰，軍民傷亡人數數百萬，經濟殘破；
- 一九一八至一九二一年內戰，犧牲數百萬人命，全國生靈塗炭；

- 一九一九至二〇年俄波（蘭）戰爭，俄羅斯又吃敗仗；
- 一九二〇年代初期開始的古拉格勞改，造成革命前菁英喪生殆半，及大規模逃出俄羅斯；
- 一九三〇年代初期及中期的工業化及集體化運動，在烏克蘭及哈薩克造成大飢荒，數百萬人喪生；
- 一九三〇年代中期及末期的大整肅恐怖時期，數百萬人被關進勞改營，將近一百萬人被槍決，還有數百萬人遭虐待而死；
- 一九四一至一九四五年第二次世界大戰，軍民傷亡人數又是以百萬計，全國經濟再次殘破；
- 一九四〇年代末期史達林又恢復恐怖統治，大批異議份子被捕，槍決行刑；
- 一九四〇年代末期至一九八〇年代末期，與美國進行長達四十年的軍備競賽，造成社會貧困窘境；
- 一九七〇年代及八〇年代，在加勒比海、中東及非洲擴張蘇聯兵力，民生凋敝；
- 一九七九至一九八九年在阿富汗用兵，師老無功，國力耗竭；
- 蘇聯突然瓦解，社會大亂、經濟危機，而且對車臣用兵竟然曠日持久，顏面盡失。

不只是俄羅斯內部危機頻仍、及國際地位淪喪令人沮喪（尤其令俄羅斯統治菁英最難接受），俄羅斯的地緣政治局勢亦蒙受不利影響。在西線而言，由於蘇聯解體，俄羅斯邊界的改變最為慘痛，其地緣政治勢力範圍亦大幅萎縮。（參見第一二〇頁地圖）波羅的海三國自從十八世紀以來即由俄羅斯控制，失去里加(Riga)和塔林(Talinn)兩港口，使得俄羅斯通往波羅的海路徑受限，而且不再有溫水港。雖然莫斯科設法在正式新獨立、且高度俄羅斯化的白俄羅斯保住政治優勢地位，民族主義的傳染病是否不會在當地取得上風則尚不能斷言。至於超越前蘇聯領土之外，華沙公約的瓦解代表前中歐附庸國家，尤其是波蘭，將迅速轉向北約組織及歐洲聯盟。

最糟的是失去烏克蘭

最糟的是失去烏克蘭。出現獨立的烏克蘭共和國不僅挑起全體俄羅斯人重新思考他們自己政治及種族意識的問題，也代表俄羅斯聯邦地緣政治的重大挫折。否定掉三百多年俄羅斯帝國歷史意謂失去相當富裕的一個工業及農業經濟體，也失去在種族及宗教上非常接近俄羅斯人，可使俄羅斯成為真正有自信的大型帝國之五千二百萬人口。烏克蘭的獨立也使俄羅斯喪失在黑海的優勢地位，因為俄羅斯原本利用奧德賽港做為與地中海及世界貿易

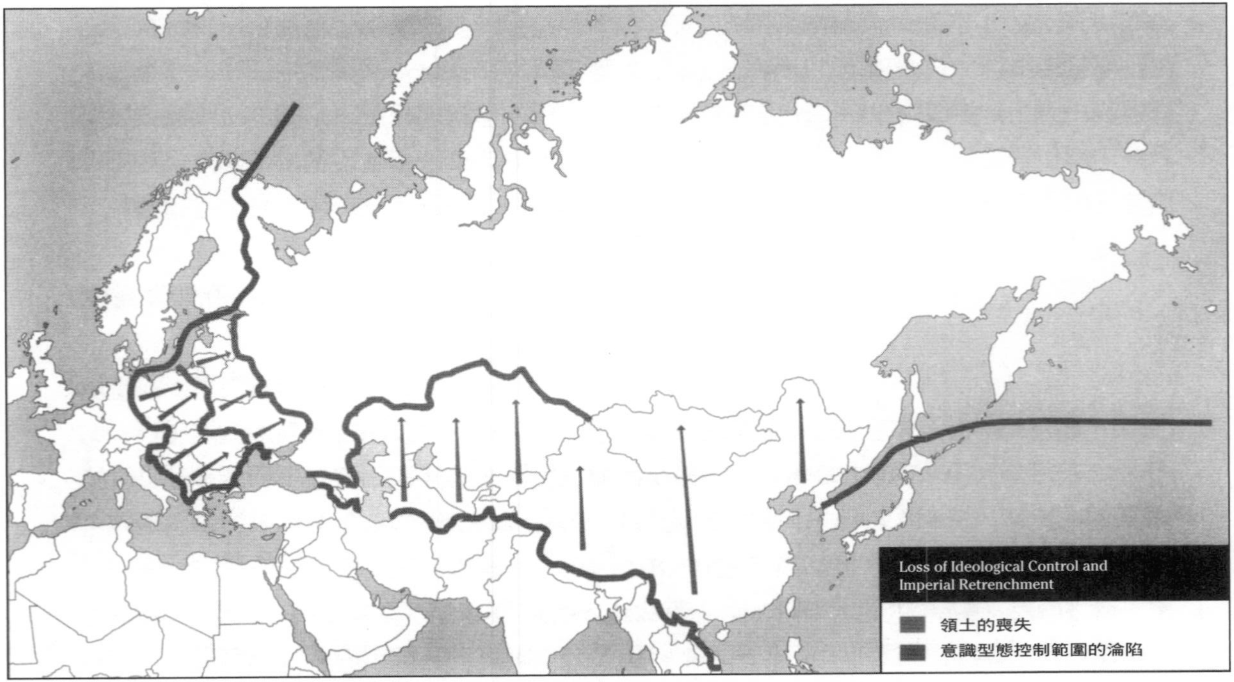

意識型態控制範圍及帝國堡壘大淪陷

的重要門戶。

喪失烏克蘭具有地緣政治上的樞紐效應，因為它劇烈限制了俄羅斯的地緣戰略選擇。即使失去波羅的海三國及波蘭，俄羅斯若仍然掌控住烏克蘭，仍可尋求做為堅定的歐亞大陸帝國，莫斯科仍可主宰前蘇聯南部及東南部的非斯拉夫人。但是，失去烏克蘭及其五千二百萬斯拉夫同胞，莫斯科若企圖重建其歐亞大陸帝國，極可能就是得單獨與民族意識、宗教意識均已激昂的非斯拉夫人纏鬥，與車臣的戰爭或許就是最簡單的第一個例子。甚且，由於俄羅斯人口出生率下降，中亞各國人口卻是爆炸性上升，任何一個新的歐亞帝國若純以俄羅斯力量為基礎而沒有烏克蘭在內，勢必益發少了歐洲份量、加重亞洲色彩。

失去烏克蘭不僅具有地緣政治上的樞紐效應，還會產生地緣政治的催化作用。事實上是出於烏克蘭的主動，才使得「獨立國協」不只是取代邦聯性質的蘇聯之空洞名詞而已！烏克蘭在一九九一年十二月率先宣告獨立、在進行關鍵性談判時，它堅持以一個鬆散的獨立國協來取代蘇聯，尤其是它以類似政變的方式突然接管境內蘇聯軍隊。烏克蘭的政治自決讓莫斯科嚇了一跳，措手不及，也立下一個先例，其他的蘇聯加盟共和國先是畏縮、旋即鼓起勇氣跟進。

俄羅斯失去它在波羅的海優勢地位，在黑海又歷史重演，不僅是因為烏克蘭獨立，也因為喬治亞、亞美尼亞和亞塞拜然三個新興獨立高加索國家，強化了土耳其在本區域重建喪失良久的影響力之機會。一九九一年以前，黑海是俄羅斯海軍進入地中海的起點。到了一九九〇年代中期，俄羅斯在黑海邊只剩下一細條海岸線，與烏克蘭還為蘇聯黑海艦隊殘部在克里米亞的基地權爭辯不休，還得按捺一肚子不痛快看著北約組織與烏克蘭進行海軍及登陸聯合作戰演習，及土耳其在黑海地區勢力上升。俄羅斯也懷疑土耳其對車臣抗俄運動提供大量援助。

更往東南去，地緣政治的動亂在裏海盆地，乃至整個中亞區域更造成類似的地位大變化。蘇聯解體前，裏海實質上是俄羅斯的內陸湖，只有南端一小塊是伊朗領土。具有強烈民族意識的亞塞拜然獨立（西方石油公司投資人又湧入，助長其聲勢），以及哈薩克、土庫曼都獨立，俄羅斯變成分享裏海盆地富源的五個國家之一，它再也不能自信滿滿單憑一己意願處分這些資源。

中亞國家紛紛獨立意謂俄羅斯東南國境線在某些地方被往北推後一千多哩。這些新興國家現在控制豐富的礦產及能源蘊藏，吸引外國覬覦。無可避免地，不僅菁英份子，不消多久，這些國家的一般百姓都會更具民族主義意識，或許在外貌上更傾向伊斯蘭。哈薩克領土遼濶、天然資源豐富，但是將近二千萬人口裡哈薩克人及斯拉夫人比率相當，語文及民族摩擦勢所難免。烏茲別克約二千五百萬人口，同質性較高，領導人又強調國家的光榮歷史，對本區域走出殖民統治有堅強的自主信念。土庫曼地理位置受到哈薩克屛障，未與俄羅斯直接接壤，也與伊朗積極開發新關係，以便降低早先非依賴俄羅斯交通系統不能與全球市場來往的狀況。

中亞國家得到土耳其、伊朗、巴基斯坦和沙烏地阿拉伯等外界支持，不願以新的政治主權去交換與俄羅斯經濟整合的好處。至少，它們與俄羅斯的關係難以避免某種程度的緊張及敵意，而車臣與塔吉克的痛苦經驗代表更糟的狀況也未必全然可以排除。就俄羅斯人而言，與俄羅斯整個南翼的伊斯蘭國家發生政治衝突的可能機率怎能不令人憂心忡忡？加上土耳其、伊朗與巴基斯坦，它們合計人口可超過三億哩！

西伯利亞廣袤的曠野，似乎在召喚中國人前往殖民屯墾

最後，蘇聯帝國解體時，俄羅斯在遠東雖然沒有發生領土或政治大變遷，卻面臨著兇險的地緣政治新情勢。數百年來，至少在政治、軍事範疇，中國比俄羅斯弱小、落後。關心國家前途、對這十年來大變局困擾的俄羅斯人，都不能忽視中國走上比俄羅斯更先進、更活力、更成功的路子。中國的經濟實力，加上十二億人民的充沛精力，已從基本上扭轉兩國之間的歷史天平，西伯利亞廣袤的曠野似乎在召喚中國人前往殖民屯墾。

這個動盪不安的新現實必然會影響俄羅斯人在其遠東區域的安全感，以及對俄羅斯在

中亞利益的安全感。不久，這項發展甚至可能超過俄羅斯失去烏克蘭的地緣政治重要性。俄羅斯結束共產黨統治後，第一任駐美大使佛拉迪米爾·魯金(Vladimir Lukin)，後來成為國會外交事務委員會主席，他對其戰略意義有如下傳神表述，他說：

> 過去，俄羅斯雖落在歐洲之後，卻自視領先亞洲。但是此後亞洲快速發展……我們發現自己不再處於「現代化歐洲」及「落後的亞洲」中間，而是在兩個「歐洲」之間處於陌生的境地。①

簡單地說，直到最近還是廣土眾民大帝國的俄羅斯，一度叱吒風雲有一大堆意識型態附庸國簇擁，延伸到歐洲心臟，甚至一度勢力直抵南中國海，現在卻淪為困難纏身的民族國家，地理上不易與外在世界交往，而且還相當脆弱無力與國境西翼、南翼及東翼的鄰國持久鏖戰。似乎只有長年冰凍，不能居住，又不易進出的北方空間，才有地緣政治上的安全可言。

地緣戰略上的幻象

後帝國的俄羅斯因而無可避免陷入一段歷史及戰略上的混亂時期。蘇聯令人震撼的崩潰，尤其是大俄羅斯帝國突如其來的瓦解，在俄羅斯激起廣泛的反省，辯論當前俄羅斯應該做什麼樣的歷史定位，公、私部門都激烈爭議絕大多數大國不會出現的問題，即：俄羅斯是什麼？俄羅斯究竟在哪裡？做為俄羅斯人，究竟有何意義？

這些問題都不只是理論上的問題，任何答案都有重大的地緣政治內涵。俄羅斯是以純粹俄羅斯族裔為基礎的民族國家，還是具有更深意義的俄羅斯（正如大不列顛遠大於英格蘭），因此注定要成為帝國呢？就歷史、戰略及種族角度來思考，俄羅斯應該以什麼為疆界？在評估這些歷史、戰略及種族角度時，烏克蘭的獨立應否視為暫時的異常現象？（許多俄羅斯人傾向這種感覺。）做為俄羅斯人，一定需要是俄羅斯族裔(Russkyi)嗎？還是可以政治上認同為俄羅斯人，但種族上未必一定是呢？（即是Rossyanin——等於是雖為British，卻未必是English）例如，葉爾辛及若干俄羅斯人就力稱車臣人應該屬於俄羅斯人，不幸卻兵連禍結，戰火熊熊。

蘇聯瓦解的前一年，一位俄羅斯民族主義者是少數預見到兇兆的人士，他大聲疾呼：

如果俄羅斯人民不堪想像的恐怖災禍的確爆發，國家土崩瓦解，人民在千年歷史幻影欺瞞下，突然發覺孤獨遺世，他們的「兄弟」收拾行囊，坐上他們的「民族救生艇」翩然離去——我們卻無處可去……

俄羅斯將必須重新建國，由政治上、經濟上及精神上去擁抱「俄羅斯理念」。它必須由長達一千年的王國歷史，及瞬息即逝的七十年蘇維埃史，去擷取菁華，重新建國。②

但是應該怎麼做？要界定一個俄羅斯人民能夠接受，而且符合實際的解答，其困難度因為俄羅斯國家本身遭逢歷史大危機而益加艱鉅。整個俄羅斯歷史裡，國家幾乎同時是領土擴張及經濟發展的工具；它也故意不設想本身是如同西歐傳統的純粹民族工具，而自我界定為特殊的超國家使命之執行人，以宗教信仰、地緣政治或意識型態去界定不同的「俄羅斯理念」。現在，國家疆土大幅縮水到只有俄羅斯族裔的範圍，突然間這個使命也作廢了。

甚且，俄羅斯國家在後蘇聯的危機更因事實上俄羅斯不僅面臨突然喪失帝國使命的挑戰，而且為了彌補俄羅斯社會落後與歐亞大陸更先進地區的鴻溝，現在還被國內主張現代化的人士（以及其西方顧問）施壓，要放棄傳統經濟上扮演保母、主人及社會財富處分人的角色，使得危機益發嚴重。這需要俄羅斯在國際及國內角色上都有革命性的局限。這對俄羅斯國人生活模式產生深遠的擾亂效應，而且對俄羅斯政治菁英的地緣政治方向感產生分裂的效果。

在這樣複雜的背景下，「俄羅斯何去何從，以及俄羅斯究竟是什麼」，產生種種不同反應。俄羅斯領土遼濶、跨越歐亞大陸，長久以來使其菁英傾向於以地緣政治角度思考問題。後帝國及後共產黨統治的第一位外交部長安德瑞•柯茲里夫（Andrei Kozyrev）在界定新俄羅斯應該如何在國際舞台表現時，又重申此種思考模式。蘇聯解體還不到一個月，他就說：「放棄彌賽亞主義，我們決定務實……我們迅速了解需以地緣政治……取代意識型態。」③

一般而言，在蘇聯解體後出現三個廣泛、卻又部分重疊的地緣戰略選擇，每一個選擇都與俄羅斯關切的對美地位有關，也都包含若干內部變數。這些學派大致可以分如下述：

一、優先與美國建立「成熟的戰略夥伴關係」，在若干擁護者心目中，這實際上就是全球共治；

二、強調「近鄰」是俄羅斯最應關切者，某些人主張某種形式的莫斯科主導的經濟整合，也有某些人期盼能夠恢復某種帝國控制措施，因而創造出更能制衡美國及歐洲的實力；

三、成立一個反聯盟，涉及到某種歐亞大陸反美同盟，以便降低美國在歐亞大陸的優勢地位。

第一項主張初期在葉爾辛總統新的領導班子裡最受看重；第二項主張旋即在政治上冒出，部分是用以批評葉爾辛的地緣政治優先順序；第三項主張則更晚，要到一九九〇年代中期才出現，係針對普遍認為俄羅斯在後蘇聯時期的地緣戰略不清晰、失敗而有的反應。三項主張都顯現昧於歷史，也都對俄羅斯當前國力、國際潛力及外交利益認識不清，空有幻覺。

蘇聯甫告解體的初期階段，葉爾辛的初步姿態代表着俄羅斯政治思想中古老、卻未全然成功的「西化派」主張的極致：俄羅斯屬於西方，應該做為西方的一份子，在國內發展上應該儘可能仿效西方。葉爾辛本人及其外交部長贊成這個觀點，葉爾辛甚至明明白白譴責俄羅斯的帝國遺緒。一九九〇年十一月十九日在基輔演講，葉爾辛口若懸河說了一席話，日後烏克蘭人或車臣人可以用來反擊他。葉爾辛說：

俄羅斯並不希望成為某種新帝國的中心……俄羅斯比別人都更了解這種角色的害處，因為俄羅斯長久以來即扮演這種角色。它由這裡面得到什麼？俄羅斯人變得更自由、更富有、更幸福嗎？……歷史教訓我們：統治其他人的民族不會幸運。

西方，尤其是美國，對俄羅斯新領導階層刻意採取友好態度，對俄羅斯外交決策圈「西化派」人士在後蘇聯時期的處境是一大鼓勵。它不僅強化了西化派親美傾向，而且還誘使他們投入西方陣營。新領導階層受寵若驚，可以與全世界唯一的超級大國高層決策者稱兄道弟，他們竟然自以為也是一個超級大國的領導人！當美國人高唱在華府及莫斯科之間建立「成熟的戰略夥伴關係」口號時，俄羅斯人覺得新的、民主的美、俄共治，取代了過去的對抗，已經聖潔、不可冒瀆。

「成熟的戰略夥伴」成為空洞口號

美、俄共治將以全球為範疇。因此，俄羅斯不僅是前蘇聯的法定繼承人，還是以真正平等地位為基礎的全球調和修睦的實質夥伴。俄羅斯新領導人不厭其煩一再聲稱，這代表不僅世界各國應該承認俄羅斯與美國居於平等地位，而且沒有俄羅斯的參與及許可，世界問題就不得解決。雖然沒有公開宣稱，這個幻覺裡隱含一個意念，認為中歐應該仍是俄羅斯的政治近親特殊區域。華沙公約與東歐經濟共同市場雖已解散，它們的舊成員不能也因而加入北約組織、甚或歐洲聯盟。

同時，西方的援助將使俄羅斯政府能夠進行內政改革，把國家退出經濟生活，並且允許民主制度固化。俄羅斯經濟復甦，具有與美國平起平坐的特殊夥伴地位，以及俄羅斯本身的吸引力,將可以鼓勵新興獨立的「獨立國協」各成員國家（感謝俄羅斯並不威脅他們，也越來越體會到與俄羅斯保持某種程度同盟的好處），與俄羅斯有更密切的經濟整合、政治整合，因而增強俄羅斯的勢力範圍。

這個主張的問題乃是它不符國際或國內的現實。「成熟的戰略夥伴關係」的觀念雖然挺受用，卻有哄騙意味，美國既未傾向於與俄羅斯分享全球權力，即令它想，也做不到。新俄羅斯在經歷四分之三個世紀的共產黨統治之後，經濟凋疲、國力耗竭、社會落後，不再是個真實的全球夥伴。在華府心目中，起碼德國、日本和中國都同樣重要及有影響力。甚且，在攸關美國國家利益的地緣戰略中心議題上——如歐洲、中東及遠東地區——美、俄期望迥然不同。一旦歧見無可避免開始浮現，政治實力、財務實力、技術創新及文化吸引力等等方面的懸殊差異，立刻使得「成熟的戰略夥伴關係」變成空洞口號——越來越多俄羅斯人也因而遭到當頭棒喝，認為它是故意設計來欺騙俄羅斯。

如果打一開始，美、俄仍在蜜月期間，美國就接受擴大北約組織的觀念，同時亦向俄羅斯提出「已無法拒絕的一筆交易」，即俄羅斯與北約組織建立特殊合作關係；或許就能夠避免掉這種失望。如果美國清楚、果斷地接納擴大同盟的主張，並且明訂應把俄羅斯納入此一過程，或許就可以避免掉莫斯科日後對「成熟的戰略夥伴關係」的失望，甚且克里姆林宮西化派人士政治地位也不致於逐步轉弱。

可以這麼做的時機是在一九九三年下半年，也就是波蘭表達有意加入北約組織，葉爾辛在八月間亦公開支持，認為波蘭此舉與「俄羅斯利益」一致之時。可是，柯林頓政府當時依然走「俄羅斯第一」政策，又躊躇拖延了兩年；這時候克里姆林宮已經改變調子，變得越來越仇視美國有意擴大北約組織這個遲遲疑疑的訊號。到了華府終於在一九九六年中決定，擴大北約組織是構成一個更大、更安全的歐洲—大西洋共同體的政策之中心目標時，俄羅斯人已經死守住僵硬的反對立場。因此，一九九三年可以視為是錯失歷史良機的一年！

不僅對前蘇聯本身的領土，甚至對前中歐衛星國家都還存有遐想

我們必須承認，俄羅斯對北約組織擴大的一切顧慮，並非全部無理，或出於惡毒動機。的確，反對北約組織擴大的若干人士，尤其是俄羅斯軍方人士，仍有冷戰心態，認為北約組織的擴大不是歐洲本身成長的一個不可分的部分，而是以美國為首、依然有敵意的同盟向俄羅斯逼進。俄羅斯外交決策菁英（絕大多數事實上仍是前蘇聯官員）有一部分人堅持長久以來的地緣戰略觀點，認為美國在歐亞大陸沒有立足點，北約組織要擴大，大體上是美國希望擴大其勢力範圍而推動。部分反對人士亦希望一旦俄羅斯恢復實力，還未遭到西方介入的中歐能夠重新納入莫斯科的地緣政治勢力範圍。

但是，許多俄羅斯民主派人士也擔心，北約組織的擴大意謂着俄羅斯將被遺棄在歐洲之外，政治上受到排斥，被認為不配加入歐洲文明的體制架構。文化的不安全感，令政治的憂懼加劇，使得北約組織的擴大彷彿是西方長久以來欲孤立俄羅斯的政策之極致，使它在世界落單，任憑敵人欺凌。甚且，俄羅斯民主派人士也根本不能理解，中歐人對遭到莫斯科宰制半個世紀的仇恨心理，或他們渴望加入更大的歐洲——大西洋體系的心理。

持平而言，俄羅斯人的失望和西化派的勢力轉弱，或許都避免不了。一方面，新俄羅斯菁英內部就意見不一，其總統和外交部長都沒辦法提供連貫一致的地緣戰略領導，沒辦法清晰界定新俄羅斯究竟在歐洲要什麼，也不能務實地評估俄羅斯國勢已弱的實質局限。莫斯科陷入政治苦戰的民主派人士，不敢勇敢表明，民主的俄羅斯不反對跨大西洋民主共同體的擴大，以及俄羅斯希望加入它。與美國共享全球地位的幻想，使得莫斯科政治菁英難以放棄俄羅斯據有地緣政治特殊地位的念頭，不僅對前蘇聯本身的領土、甚至對前中歐衛星國家，都還存有遐念。

這種發展給予民族主義者及軍國主義者可乘之機。民族主義者在一九九四年已開始恢復聲音，軍國主義者此時也成為葉爾辛在國內最重要的支持者。他們的激越聲浪及偶爾對中歐渴望的威脅性反應，只會使這些前衛星國家更珍惜新近才由莫斯科統治獲得解放的自由，更強化他們爭取北約組織安全庇護的決心。

華府和莫斯科之間的鴻溝，由於克里姆林宮不願否定史達林的征服成績而更加擴大。西方國家的輿論，尤其是北歐及美國的輿論，對於俄羅斯對波羅的海三國態度曖昧不明，特別有怨言。雖然已經承認三國的獨立，也不逼迫三國一定要加入獨立國協，即使是民主的俄羅斯領導人亦不時以威脅手段，替史達林統治時期刻意移民定居在三國的俄羅斯屯墾者爭取優惠待遇。克里姆林宮也不肯譴責一九三九年納粹與蘇聯簽訂的秘約（它對蘇聯強迫三國加入蘇聯起了鋪路作用），也使氣氛大受影響。即使蘇聯已經瓦解有五年之久，克里姆林宮發言人仍在一九九六年九月十日的官方聲明中堅稱，波羅的海三國在一九四〇年志願「加入」蘇聯。

後蘇聯的俄羅斯菁英顯然也期待西方會援助（或至少不阻礙）俄羅斯在後蘇聯的領域恢復中心角色。因此他們不滿意西方協助後蘇聯的新興獨立國家鞏固其政治地位的作法。雖然一方面提醒「與美國對抗……是應該迴避的選擇」，俄羅斯的美國外交政策資深分析專家（未必全然不正確地）辯稱，美國尋求「在整個歐亞大陸重組國際關係……不讓大陸出現單一的領導大國，而是許多中型、相當穩定且中度強大的國家……並且在個別實力、甚至集體實力上都必須比美國弱小。」④

烏克蘭有朝一日終會多少可「重新整合」進來

就此而言，烏克蘭非常重要。美國人越來越傾向於把美、烏關係擺到高度優先位置（尤其是一九九四年），並且協助烏克蘭維持其新的國家自由，在莫斯科許多人（甚至西化派也不例外）認為這是針對俄羅斯想把烏克蘭重新納入陣營此一重大利益而來。俄羅斯政治菁英裡有許多人仍堅信烏克蘭有朝一日終會多少「重新整合」進來。⑤因此，俄羅斯基於地緣政治和歷史因素質疑烏克蘭的獨立地位，就與美國認為「帝制俄羅斯不會是民主的俄羅斯」的觀點正面對衝。

共產主義陰魂不散的事實象徵，就是莫斯科市中心依然矗立著列寧墓

此外，還有純粹內政因素使得兩個「民主國家」之間的「成熟的戰略夥伴關係」成為幻影。俄羅斯在共產黨統治下已經落後、凋疲，不能成為與美國匹配的民主夥伴。這個事實不能因為高唱夥伴關係，就掩蓋下去。甚且，後蘇聯的俄羅斯，與過去依然藕斷絲連，瓜葛仍深。幾乎它的全體「民主」領袖（即使已真正對舊蘇聯徹底醒悟）不僅是蘇維埃體制的產品，還是其統治菁英的前資深官員。他們不像波蘭或捷克共和國的領導人，是從前的異議人士。蘇聯的關鍵體制，雖然已衰弱、士氣低沉和腐化，卻依然存在。共產主義陰魂不散的事實象徵就是莫斯科市中心依然矗立著列寧墓。這就好比是後納粹的德國，由舊納粹中階官員統治，雖然高喊民主口號，而希特勒墓依然矗立在柏林市中心一樣。

由於俄羅斯經濟危機規模巨大，民主派菁英的政治地位處境益發艱難。由於需要大規模改革（意即國家退出經濟），對西方援助、尤其是美國援助，產生過當的期望。雖然西方援助以德國、美國為主，逐步增加，但是即使一切條件順遂，俄羅斯經濟也不可能立刻復

原。社會上由此滋生不滿，更使批評政府人士得到支持，指稱與美國的夥伴關係無非是騙局，對美國有利，卻傷害了俄羅斯。

近鄰優先論

簡單地說，在蘇聯甫告解體的頭幾年裡，有效的全球夥伴關係之主觀條件或客觀條件，都不存在。民主的「西化派」要求太多，卻不能有足夠的回饋。他們希望與美國有平等的夥伴關係（或共治關係），在獨立國協內能自由運作，而且中歐地緣政治不容他國插手。可是，他們對蘇聯歷史不能完全割捨、對全球實力及經濟危機的深度欠缺實際了解，而且沒有得到社會普遍支持，意謂著他們沒辦法有一個穩定、真正民主的俄羅斯，而平等夥伴關係卻要求俄羅斯一定要穩定、民主。俄羅斯首先必須經歷一段漫長的政治改革期，一段同樣漫長的民主穩定期，以及更漫長的社會經濟現代化過程，然後才能設法深刻地由帝國心態轉變為民族心態，不僅在中歐、尤其在前俄羅斯帝國範圍內都不得再存有帝國野心，接下來與美國的真實夥伴關係才會成為地緣政治上可能的選擇方案。

在這種情況下，我們並不驚訝，「近鄰」（near abroad）優先論成為針對親西方主張的主要批判主張，也成為早期的外交政策替代方案。它所依據的論據是，「夥伴」觀念忽視了對俄羅斯最重要的事項：也就是它與前蘇聯加盟共和國的關係。「近鄰優先論」成為主張在前蘇聯據有的地緣政治空間，建立一個以莫斯科為決策中心的可行性架構的政策先鋒。根據這個前提，一般人普遍認為專注西方（尤其是美國）的政策，成效不彰，代價太高。它只會使得西方更容易利用蘇聯崩潰所製造的機會。

然而，近鄰論是一具大傘，若干不同的地緣政治概念全聚集在它底下。有一派經濟功能論者及經濟決定論者（包括若干西化派在內），認為獨立國協可以演變為以莫斯科為首版本的歐洲聯盟組織；還有一派認為經濟整合只是恢復帝國的若干工具中之一種，可以在獨立國協的大傘下運作，也可以透過俄羅斯與白俄羅斯之間的特殊安排（一九九六年已成立），甚至俄羅斯、白俄羅斯、哈薩克和吉爾吉斯去聯手運作。還有一派具斯拉夫民族浪漫主義的人士，主張由俄羅斯、烏克蘭和白俄羅斯組織一個斯拉夫同盟(Slavic Union)。最後還有一派支持有點神秘的歐亞主義，認為它就是俄羅斯恆久的歷史使命之代名詞。

最狹義的近鄰優先論涉及到一個完全合理的論據，即：俄羅斯首先必須集中心力搞好與新興獨立國家的關係，尤其是全都保持蘇聯刻意培養的促進彼此經濟相互依存政策下之精神，與俄羅斯結合在一起。這麼做，在經濟上及地緣政治上都有道理。俄羅斯新領袖經常掛在嘴上的「共同經濟空間」，是新興獨立國家領袖們不能忽視的事實。合作，甚至整合，是經濟上必須做的事。因此，促進獨立國協聯合機構，以便扭轉因蘇聯的政治瓦解所產生的經濟紛擾與分裂，不僅正常，也是渴望的動作。

就若干俄羅斯人而言，推動經濟整合遂成為對業已發生的情勢一種功能上有效、政治上負責任的反應。與歐聯做類比，經常被認為頗為貼切後蘇聯的局勢。比較溫和支持經濟整合的人士，則明白反對恢復帝國。譬如，由一群知名人士及政府官員組成的「外交暨國防政策理事會」於一九九二年八月發表一份題目為《俄羅斯的戰略》的重要報告，明白支持以「後帝國的開明整合」做為後蘇聯的「共同經濟空間」下一項工作要項。

然而，強調近鄰並不只是政治上對區域經濟合作友善的理論。它的地緣政治內涵有種帝國的寓意。即使上述一九九二年這份溫和的報告也提到，俄羅斯復原後必將與西方建立戰略夥伴關係，在這層關係裡，俄羅斯將承擔起「規範東歐、中亞及遠東局勢」的角色。支持近鄰優先論的另一些人則更大言不慚，明白宣稱俄羅斯在後蘇聯空間有「獨佔角色」，並且指控西方國家提供援助給烏克蘭及其他新興獨立國家，進行反俄羅斯的政策。

一個典型、但絕不極端的例子，就是一九九三年的國會外交事務委員會主席安巴祖莫夫(Y. Ambartsumov)，他原本很支持「夥伴關係」論，卻公開主張前蘇聯領土範圍是俄羅斯獨佔的地緣政治勢力範圍。一九九四年，早先積極支持親西方優先論的外交部長柯茲里夫，也呼應安巴祖莫夫，聲明俄羅斯「必須在數世紀來的利益圈維持駐軍」。事實上，《消息報》一九九四年八月八日報導，俄羅斯已交涉成功在新興獨立國家領土保持不下二十八個軍事基地——如果我們在地圖上把俄羅斯部署軍隊的地點，由加里寧格勒、摩達瓦、克里米亞、亞美尼亞、塔吉克到千島群島拉一條線連起來，其面積就約略等於前蘇聯領土。（參見第一四〇頁地圖）

一九九五年九月，葉爾辛總統發表一份俄羅斯對獨立國協政策的正式文件，把俄羅斯的目標訂為：

> 俄羅斯對獨立國協政策的主要目標是締造一個經濟及政治整合的國家結合，以便在世界社區取得適當地位……鞏固俄羅斯在前蘇聯領土建立新的跨國政治、經濟體制時之領導地位。

我們應該注意到，這段話重點擺在政治層面上，而且提到要在世界體系取得適當地位時，用的是單數代名詞，並且強調俄羅斯在這個新實體裡的主導地位。莫斯科堅持俄羅斯與新成立的獨立國協之間的政治、軍事關係應該加強；成立共同的軍事指揮總部；獨立國協各邦的武裝部隊應簽訂正式條約結合起來；獨立國協的「對外」邊境應集中控管（意即由莫斯科發號施令）；俄羅斯軍隊在獨立國協境內的任何維持和平行動中，都要扮演決定性角色；獨立國協應制訂共同的外交政策；獨立國協的主要機構應遷到莫斯科，而不是照一

俄羅斯在前蘇聯領土的軍事基地

九九一年初步協議設在明斯克；並且俄羅斯總統要擔任獨立國協領袖高峰會議的主席。

還不僅此，這份一九九五年九月文件又宣稱：

> 俄羅斯電視及電台在近鄰區域的廣播應受到保障；俄羅斯報紙在本區域的發行應受到支持；俄羅斯應該替獨立國協各邦訓練其軍校學生。
>
> 應該賦予特別注意，在後蘇聯領土內恢復俄羅斯做為主要教育中心的地位；更要緊記在心，需要教育獨立國協各邦年輕世代與俄羅斯維持友好關係的精神。

一九九六年初，俄羅斯國會反映出這股情緒，甚至宣布當年解散蘇聯無效。甚且，同年春天，俄羅斯簽署兩項協定，強化俄羅斯與獨立國協內若干較友善國家的經濟和政治整合。第一項協定在轟轟烈烈宣傳下簽定，實質上讓俄羅斯與白俄羅斯合組一個「主權共和國共同體」(Community of Sovereign Republics，俄文簡寫 SSR 令人想起蘇聯的俄文簡寫 SSSR)。第二項協定由俄羅斯、哈薩克、白俄羅斯和吉爾吉斯簽定，則主張以建立「整合國家共同體」(Community of Integrated States)為長程目標。這兩個動作都顯示出，對獨立國協內部整合進度遲緩的不耐，以及俄羅斯決心堅持推動整合。

「近鄰論」強調加強獨立國協的中央機制，遂結合客觀的經濟決定論與主觀的帝國決心。但是它仍不能對令人困擾的問題——「俄羅斯是什麼？它的真正使命和合理範圍在哪裡？」——提供哲學上及地緣政治上的答案。

歐亞主義論

越來越吸引人的歐亞主義論（它的焦點也擺在「近鄰」上）企圖填補此一空檔。歐亞主義是以比較文化、甚至神秘的字彙去界定；它的立論點是：就地緣政治和文化而言，俄羅斯既不全然屬歐洲，也不全然屬亞洲，因此它具有特殊的歐亞屬性。這種屬性是俄羅斯很獨特轄有中亞至太平洋岸之間廣大領土的遺緒，也是莫斯科四百年來東進擴張建立帝國的遺緒。東進擴張把為數龐大的非俄羅斯人、非歐洲人融入俄羅斯之內，因此創造出一種奇特的歐亞政治及文化性格。

歐亞主義做為一種學說並非在後蘇聯時期的產物。它首先在十九世紀出現，但到二十世紀才告盛行，做為蘇維埃共產主義的清清楚楚有別的代替案，也是針對所謂西方衰落的反應。移居在獨立國協各邦的俄羅斯人尤其積極傳播這個理論來取代蘇維埃主義，因為他們認識到蘇聯境內非俄羅斯人的民族意識覺醒，需要有一個超國家的理論，以免共產主義一旦崩潰，也導致舊俄羅斯大帝國的瓦解。

早在一九二〇年代中期，大力主張歐亞主義的楚貝茲科伊親王(Prince N. S. Trubetzkoy)就撰文說明：

> 事實上，共產主義是歐洲主義的偽裝版本，要毀滅俄羅斯生活的精神基礎和國家的獨特性，要宣揚實際統治歐洲與美洲的唯物主義參考架構……
>
> 我們的任務是要創造一個嶄新的文化，我們自己的文化，不再類似歐洲的文明……使俄羅斯不再是扭曲地反映著歐洲文明，……使它再度恢復自我：俄羅斯的歐亞，成吉思汗偉大遺緒有意識的繼承人。⑥

這個觀點在後蘇聯的混亂局面下獲得注意。一方面，共產主義遭到譴責，指它背叛了俄羅斯正統及特殊、神秘的「俄羅斯理念」；另一方面，西方主義亦遭到摒棄，因為西方（尤其是美國）被認為腐化、而且文化上反俄羅斯，甚至傾向於否認俄羅斯對歐亞大陸在歷史上及地緣政治上有根深柢固獨佔控制權利。

歐亞主義在廣受誦讀的歷史學家、地理學家兼人種誌學者李夫・古米雷夫(Lev Gumilev)的著作中得到學術上的詮釋。古米雷夫的著作《中古俄羅斯及大草原》、《歐亞的節奏》和《歷史時間的民族地理學》，舉出堅強例子申明：歐亞大陸是俄羅斯民族獨特民族精神很自然的地理環境，是俄羅斯人與非俄羅斯人在這塊廣濶草原長久共生的結果，因此創造出獨特的歐亞文化與精神認同。古米雷夫提出警告說，向西方調適將使得俄羅斯人喪失自己的「民族精神與靈魂」。

雖然比較粗糙，許多俄羅斯民族主義派的政治人物頗為認同這個觀點。葉爾辛的前任副總統亞歷山德·魯茨科伊(Aleksandr Rutskoi)聲稱：「瞧瞧我國的地緣政治局勢，就很明顯看得出來：俄羅斯代表亞洲與歐洲之間唯一的橋樑。任何人成為這片空間的主人，將成為世界之主。」⑦一九九六年與葉爾辛角逐總統寶座的共產黨候選人金納廸·朱加諾夫(Gennadii Zyuganov)，雖然信仰馬列主義，卻贊成歐亞主義強調俄羅斯人民在歐亞大陸廣大空間的特殊精神及使命角色，因而聲稱俄羅斯被賦予獨特的文化使命，也被賦予特別有利的地理基礎去實現全球領導人角色。

以歐亞同盟取代獨立國協

哈薩克總統納札巴耶夫(Nursultan Nazarbayev)也推動另一種比較清醒、務實版本的歐亞主義。納札巴耶夫在國內面臨哈薩克原住民及俄羅斯屯墾者人口約略相當的局勢，想找出一個公式可以多少稀釋掉莫斯科施加的政治整合壓力，遂提倡以「歐亞同盟」（Eurasian Union）的觀念來代替功能不彰的獨立國協。雖然他的版本缺乏較傳統的歐亞主義思想之神秘內涵，顯然也沒有假定俄羅斯人有特殊的使命角色要當歐亞領袖。他心目中的歐亞，地理範圍近似蘇聯的版圖；它構成一個有機的整體，必須也有政治層面的意義。

就某個程度而言，試圖在俄羅斯地緣政治思想中賦予「近鄰論」最高優先，就後帝國的俄羅斯與新興獨立國家之間，在安全及經濟上，絕對有必要從某種秩序及協調的角度看，也相當合理。然而，這派論點之所以有超現實意味是因為，姑不論是出於經濟因素自願的，或是因為俄羅斯終於恢復失去的權勢（更不用提俄羅斯的特殊歐亞使命或斯拉夫使命），它還念念不忘要在前帝國進行政治整合，且相信這個整合可行、受歡迎！

就這方面而言，經常被拿來與歐洲聯盟做比較，卻忽視了一項重大差別：歐洲聯盟雖然讓德國有特殊影響力，卻沒有一個單一國家主宰一切，在國民生產毛額、人口或領土面積上，它就超過其他各國的加總總和。歐洲聯盟也不是繼承一個民族帝國而來，遭到解放的成員深懼「整合」是恢復臣屬地位的代名詞。退一步說，即使德國假設正式宣布將採取上述一九九五年九月俄羅斯所宣示的路線，我們很容易也可以想像到歐洲國家會有什麼反應。

與歐洲聯盟做類比，還有另一個缺陷。開放及相對已開發的西歐經濟體已預備好可以接受民主的整合，大部分西歐人認定如此整合會有具體的經濟和政治利益。較貧窮的西歐國家也將受到充分補貼之惠。相對之下，前蘇聯境內各新興獨立國家卻認為俄羅斯政治上不穩定，還有稱霸宰制他國的野心；經濟上，更是對它們參與全球經濟及取得迫切需要的外人投資之一大障礙。

沒有烏克蘭的帝國，等於俄羅斯變得更加亞洲化

針對莫斯科的「整合」論，反對最力者是烏克蘭。烏克蘭領導人迅速體會到這種「整合」，尤其是鑒於俄羅斯對烏克蘭獨立的正當性頗有保留，勢將導致其國家喪失主權。甚且，俄羅斯對待新獨立的烏克蘭之高姿態——如不願意承認烏克蘭的國境線，質疑烏克蘭對克里米亞半島的權利，堅持對施瓦斯托堡港(Sevastopol)具有獨佔的治外法權等等——都令烏克蘭興起的民族主義有了明白的反俄意識。自我界定的烏克蘭建國，在其構組新國家的關鍵階段，遂一反傳統的反波蘭或反羅馬尼亞導向的基礎，轉而專注在反對俄羅斯以獨立國協整合為重的方案，或是與俄羅斯及白俄羅斯組成特別的斯拉夫人共同體的方案，甚至歐亞同盟的方案，把它們統統當做是俄羅斯想重建帝國的戰術。

烏克蘭決心堅持獨立，得到外來支持。雖然西方（尤其是美國）遲遲才認識到烏克蘭

獨立建國的地緣政治重要性，到了一九九〇年代中期，美國及德國已堅強支持基輔要獨立。一九九六年七月，美國國防部長宣布：「我不能再過度高估烏克蘭做為獨立國家，攸關整個歐洲安全與穩定的重要性。」一九月間，德國總理柯爾雖然強烈支持葉爾辛總統，卻更進一步宣稱：「烏克蘭在歐洲的堅定地位不能再受到任何人挑釁……沒有人能再對烏克蘭的獨立及主權、領土完整，提出異議。」美國決策者也形容美、烏關係是「戰略夥伴關係」，刻意引用用以形容美、俄關係的同樣詞語。

沒有烏克蘭，誠如前文所述，以獨立國協或歐亞主義為基礎去復立帝國，都不是可行的方案。沒有烏克蘭的帝國等於是俄羅斯變得更加「亞洲化」，更遠離歐洲。甚且，歐亞主義對於新興獨立的中亞國家也沒有吸引力，它們罕有人渴望與莫斯重科新結合。烏茲別克變得特別堅定支持烏克蘭反對把獨立國協提升為超國家實體的意見，它也反對俄羅斯有心強化獨立國協的倡議。

其他的獨立國協國家也憂慮莫斯科的居心，傾向於擁烏克蘭及烏茲別克為首，反對或迴避莫斯科逼促加緊政治、軍事整合的壓力。甚且，幾乎全體新興獨立國家都加深民族意識，這股民族意識越來越專注於把過去臣服於莫斯科視為殖民主義，要剷除過去種種遺緒。因此，在種族關係上脆弱的哈薩克也加入其他中亞國家，模仿早先土耳其的作法，放棄斯拉夫字母，改用拉丁文字母。事實上，到了一九九〇年代中期，烏克蘭悄悄領導一個包括烏茲別克、土庫曼、亞塞拜然及偶爾加入的哈薩克、喬治亞和摩達瓦的集團，非正式地阻止俄羅斯擬以獨立國協做為政治整合工具的作法。

烏克蘭堅持有限的、且大體上是經濟的整合，還有一層效果，使「斯拉夫同盟」的觀念失去實際意義。這個論點由於得到索忍尼辛的支持而聲名大噪，但是當它遭到烏克蘭摒棄，就自動失去地緣政治意義。它使得俄羅斯只有白俄羅斯做伴，而且也暗示哈薩克可能會分裂，哈薩克北部地區俄羅斯人聚居頗眾，有可能要分裂出來加入此一「斯拉夫同盟」。可想而知，哈薩克新統治者不會歡迎這個方案，只會增強其民族主義裡的反俄色彩。在白俄羅斯而言，沒有烏克蘭的斯拉夫同盟，就等於是併入俄羅斯，因此也激發動盪的民族主義敵愾心理。

與誰結盟？

近鄰論的這些外在障礙又得到一項重要內在制限：俄羅斯人民心緒的強大後援。儘管政治菁英對俄羅斯在前帝國領域內負有特殊使命，言詞激越、政治煽動，俄羅斯人民部分純因衰竭無力、部分純因常識，對恢復帝國的任何雄偉計劃都失去熱情。他們贊成開放邊境、開放貿易、自由遷徙往來及賦予俄羅斯語文特殊地位，但是政治整合卻激盪不起熱情，尤其如果政治整合的經濟成本太高昂或會需要流血的話，更不受歡迎。蘇聯的瓦解誠然遺憾，能恢復聯邦固所願也，但是對車臣征戰的輿論反應卻顯示，任何政策若超越運用經濟壓力或政治壓力，就缺乏大眾的支持。

簡而言之，近鄰優先論在地緣政治上的缺失就是，俄羅斯在政治上不夠強大到可以遂行意志，經濟上又不夠吸引力能引誘新興獨立國家靠攏。俄羅斯施壓只會逼他們尋求與外界多建立關係，首先是與西方攀交，偶爾亦與中國親善，甚且與南方的伊斯蘭主要國家交好。當俄羅斯針對北約組織擴大，威脅說要自組一個軍事集團時，卻產生一個問題：「與誰結盟？」答案可能更痛苦：最多可能只有白俄羅斯和塔吉克會捧場！

新興獨立國家越來越傾向不信任相當合理及有需要的與俄羅斯做經濟整合，深恐政治後果不堪設想。同時，俄羅斯所謂的歐亞使命論及斯拉夫神秘論，只使得俄羅斯更加孤立於歐洲之外，或者說，更孤立於西方之外，因而使後蘇聯危機拖延、得不到解決，更遲滯了俄羅斯亟需效法凱末爾(Kemal Ataturk)在鄂圖曼帝國崩潰後在土耳其力行現代化及西化的作為。因此，近鄰論可說是沒給俄羅斯提供地緣政治的解決方案，反而帶來地緣政治的幻覺。

如果美、俄不能共治，近鄰論又不可行，俄羅斯還有什麼樣的地緣政治選擇方案？親西方以求「民主的俄羅斯」與美國在全球平起平坐，只是口號而非現實，西化派失敗造成民主派失勢，使得俄羅斯不能不承認舊帝國要重新整合在最佳情況下恐怕也是頗為遙遠的可能性，因此部分俄羅斯地緣政治家出現針對美國在歐亞大陸霸主地位成立某種反制聯盟的想法。

一九九六年初，葉爾辛總統把親西方的外交部長柯茲里夫請下台，換上較有經驗，但也是正統的前共產黨國際事務專家依伏金尼・普里馬科夫(Evgenniy Primakov)，此人長期興趣在研究伊朗和中國。俄羅斯若干評論人員猜測，普里馬科夫或許會設法以最想降低美國在歐亞大陸優勢地位、最具地緣政治利害關係的俄、伊、中三國為中心組成一個新的「反霸」同盟。普里馬科夫剛上任不久的一些旅行及言論更強化這種印象。甚且，中、伊之間目前已存在著武器交易關係、俄羅斯亦傾向於合作幫伊朗增加取得核子能源，似乎都有利於他們親密政治對話及最後結盟。至少在理論上，這將可能把全世界為首的斯拉夫大國、全世界最好戰的伊斯蘭國家，以及全世界人口最多、而且是亞洲最強的國家結合在一起，締結一個強大有力的同盟。

缺乏共同意識型態，只用「反霸」情感結合

這樣一個反霸同盟必須利用中、俄兩國政治菁英不滿美國崛起成為全球唯一超級大國

的心理，恢復中、俄雙邊關係才行。一九九六年初，葉爾辛親赴北京訪問，簽署一項宣言，明白譴責全球「霸權」傾向，因而暗示兩國將聯合起來反美。同年十二月，中國總理李鵬報聘回訪，雙方不僅重申反對國際體制「受到一國主宰」，也支持強化現有同盟關係。俄羅斯評論家歡迎此一發展，認為它是全球權力相對關係上的一個正面轉折，也是針對美國支持北約組織擴大的適當反應。有些人甚至高興中、蘇同盟總算讓美國活該遭到報應。

然而，會讓俄羅斯與中國及伊朗結盟，恐怕只有美國短視到同時激怒中國及伊朗，才有可能發生。我們要說，這種可能性不能完全排除，而且美國在一九九五至一九九六年的一些動作幾乎也合乎美國不惜與德里蘭及北京交惡的看法。然而，伊朗或中國都還沒預備把他們的戰略賭注押在不穩定又衰弱的俄羅斯身上。中、伊都了解，一旦超越偶爾戰術上的相互唱和，真正結盟反霸，則兩國都有失去與先進世界來往之虞，從而喪失了外來投資及迫切需要的技術。俄羅斯沒有太多東西可拿出來，因而還不能在反霸聯盟中真正當個可靠的夥伴。

事實上，缺乏共同的意識型態，只用「反霸」感情而結合，這樣的同盟基本上只是部分第三世界結合起來反對最先進的第一世界的同盟罷了。同盟成員不會有太多收穫，而中國尤其會有喪失巨大外來投資之虞。就俄羅斯而言，某位俄羅斯重量級地緣政治家說：「俄、中同盟的幽靈……將大大增加俄羅斯重新受限、取不到西方技術和投資的機會。」

⑧不論是兩國結盟或三國結盟，這個同盟終究會使全體成員淪於長久孤立及落後的窘境。

俄羅斯若要認真促成這樣一個「反霸」同盟，中國將是一個主要夥伴。中國人口眾多、勤勉上進、能創新、有活力，而且對俄羅斯領土有收復之志，勢必將把俄羅斯推到次要夥伴的地位，同時中國也欠缺手段（可能也沒有真正意願）協助俄羅斯克服其落後。俄羅斯將因而淪為東進擴大的歐洲，以及擴張主義的中國之間的緩衝國。

最後，若干俄羅斯外交事務專家仍繼續抱存希望，盼望歐洲整合的遲滯不前（包括西方內部或許對北約組織未來形態仍有不同意見）或許至少能替俄、德或俄、法眉目傳情帶來戰術性機會，不論是俄、德修好還是俄、法交好，都能阻止歐洲與美國的跨大西洋同盟。這個觀點並不新穎，因為整個冷戰時期，莫斯科就不時打德國牌或法國牌。雖然如此，若干莫斯科的地緣政治家估計歐洲局勢僵滯不前可能會製造出戰術空隙，可用以使美國不利，並非不合理的一廂情願想法。

但是能夠達到的成績恐怕也就只有：純粹戰術性的選擇。法國或德國都不可能會放棄與美國的關係。偶爾在比較狹窄的議題上眉來眼去，尤其與法國，是不能排除；但是要想發生地緣政治上的同盟大逆轉，就勢須歐洲事務先發生大動亂、歐洲統一崩潰瓦解、跨大西洋關係解體不可。即使是如此，歐洲國家也不可能會走向與方向前途不明朗的俄羅斯締結真正全面地緣政治同盟的路子。

因此，所有這些反美聯盟的想法經過最後分析後，都不可行。俄羅斯地緣政治新困局的解決妙方，不會在反美聯盟中找到，也不能冀望與美國建立平起平坐的戰略夥伴關係去達成，更不用想在前蘇聯領土內建立一個政治、經濟整合的新構造去達成。俄羅斯事實上只有一條路可以走，它們卻全都避開它。

俄羅斯能走的一條路及其困難

俄羅斯在地緣戰略上唯一的一條出路就是歐洲，這是使它能有務實的國際角色，及轉型成功、社會現代化機會最大的一條出路。但是並不是隨隨便便任何歐洲，必須是歐洲聯盟及北約組織擴大後的跨大西洋的歐洲。這樣的歐洲已在形成中（詳見本書第三章），也可能依然與美國保持密切關係。如果俄羅斯要避免危險的地緣政治孤立狀態，就必須與這個歐洲保持關係。

就美國而言，俄羅斯太弱，不配做夥伴，但又太強，不能聽任他生病棄而不顧。除非美國能培養一種環境，協助說服俄羅斯人，他們國家的最佳機會是與跨大西洋的歐洲增進生態關係，很可能會迸發問題。雖然長程的俄、中或俄、伊戰略同盟不太可能發生，對美國明顯很重要的是，要避免會把俄羅斯引離亟需的地緣政治選擇之政策。在可能的程度範圍內，美國的對中或對伊政策，必須考量到它們對俄羅斯的地緣政治之衝擊。對於地緣戰略選擇長久有幻想，只會拖延俄羅斯必須為治癒其深刻沉疴所做的抉擇之時機。

拋棄帝國野心，展開現代化、歐洲化與民主化

唯有俄羅斯肯在經濟上及地緣政治上接受歐洲的新現實，它才能自商務、通信、投資及教育的跨大陸歐洲合作上受惠。因此，俄羅斯參加歐洲理事會，是方向非常正確的一個步驟。這是預先嚐試新俄羅斯與增長中的歐洲發展體制關係的作法。它也代表，一旦俄羅斯走這條路，它就別無選擇勢必仿效土耳其在鄂圖曼帝國崩潰後所走的路，也就是必須拋棄帝國野心，非常精心刻意展開現代化、歐洲化與民主化。

其他方案都比不上現代、民主，與美國結合的歐洲，能給俄羅斯更多利益。俄羅斯若不具擴張野心、且實行民主政治，歐洲和美國就不會威脅到它。他們對俄羅斯沒有領土野心，中國則有朝一日會向俄羅斯索討領土，他們也沒有與俄羅斯有毗鄰、動盪的共同邊境，而俄羅斯與南方回教國家就有種族及邊界線劃分不清的問題。相反地，就歐洲及美國而言，一個民主、且堅守民族本位不濫擴張的俄羅斯，是地緣政治上可歡迎的實體，是動盪的歐亞結構中穩定的根源。

俄羅斯遂面臨一個兩難局面，選擇歐洲與美國若要獲取具體利益，首先就得清清楚楚拋棄過去的帝國心態，其次對於擴大中的歐洲與美國的政治和安全關係，不能悖離。第一項要求代表必須寬容接納在前蘇聯領土已經風行的地緣政治多元主義；這種寬容不能排除經濟合作，還應依照舊日歐洲自由貿易區模式徐圖發展，甚且不能限制新興國家的政治主權——原因很簡單，這些新興國家不希望主權受到限制。這方面最重要的是，需要俄羅斯清晰、不曖昧地接納烏克蘭的獨立，接受它的邊界線，乃至它的獨特國家認同感。

第二項要求可能更難下嚥。與跨大西洋共同體要建立真正的合作關係，不能靠想加入成為一員的歐洲國家，是否能加入全由俄羅斯人裁定做基礎。這個共同體的擴張不必太急切，當然也不應以反俄羅斯的主調去推動。但是，它不能也不應受到反映陳舊的歐洲安全關係之政治諭令去制止。一個擴張中的民主歐洲必須是開放的歷史進程，不受政治專斷的地理限制所束縛。

就許多俄羅斯人而言，這個方案的兩難局面，或許太難以解決。它需要有極強大的政治意志力，或許還需要有個傑出的領袖，能夠做出抉擇，且能清楚描繪出一個民主、民族，真正現代的歐洲式俄羅斯之願景。這或許還需一段相當時間才會出現。要克服後共產主義及後帝國的危機，需要遠比中亞國家後共產主義轉型，更多的時間，也需要出現高瞻遠矚、穩定的政治領導人。目前還看不到俄羅斯有凱末爾型的先行者。縱使如此，俄羅斯終究必須體認到，俄羅斯民族的重新界定並非投降，而是解放。⑨他們必須接受葉爾辛一九九〇年在基輔所宣稱俄羅斯未來絕無帝國野心的政策。真正不再帝制自為的俄羅斯還是一個跨歐亞大陸的大國，仍是目前世界上領土最大的國家。

總之，重新界定「俄羅斯是什麼、俄羅斯在哪裡」或許只會分階段出現，也需要西方有明智、堅定的立場。美國及歐洲必須伸出援手。他們應該不只提供俄羅斯與北約組織訂定特殊條約，也應該開始與俄羅斯研究組織跨大陸安全合作體系的進程，取代目前結構鬆弛的歐洲安全合作組織。如果俄羅斯鞏固了內部民主體制，在自由市場經濟發展上有具體進步，就不應排除它與北約組織及歐洲聯盟更密切的結合。

亞塞拜然．烏茲別克．烏克蘭

同時，同樣重要的，西方國家（尤其是美國）應該採取使俄羅斯為此一方案永遠陷身在兩難局面的政策。後蘇聯新興獨立國家的政治、經濟穩定，是俄羅斯劃時代自我重新界定的重要因素。因此，基於在前蘇聯領土推動地緣政治多元主義的考量，支持後蘇聯新興獨立國家必定是旨在誘導俄羅斯毫不含糊選擇歐洲之政策所不可缺的一部分。這些國家中，以亞塞拜然、烏茲別克和烏克蘭最具地緣政治的重要性。

獨立的亞塞拜然可以做為西方進出能源豐富的裏海盆地和中亞區域的走廊。反之，亞塞拜然若屈服於莫斯科，將代表中亞將與外在世界隔離，因而政治上乏力抵擋俄羅斯為重新整合而施加的壓力。烏茲別克是中亞地區人口最眾多的重要國家，是阻擋俄羅斯重新掌控此一區域的主力。它的獨立攸關到中亞其他國家的生存，它也是最堪承受俄羅斯壓力的國家。

然而，最重要的當推烏克蘭。歐洲聯盟及北約組織在擴張，遲早烏克蘭總得選擇是否希望成為這兩者的成員。烏克蘭很可能為了強化其獨立地位，一旦其邊界與這兩個組織接壤，而且其內部轉型成功，也夠資格申請時，會希望加入這兩個組織。雖然這仍需要一段時間，但是西方國家一方面強化與基輔的經濟與安全關係，一方面也事不宜遲，可以開始以西元二〇〇五年至二〇一五年為逐步納入烏克蘭的合理時間架構，如此做可以降低烏克蘭擔心歐洲擴張將止於波、烏國境之虞。

成為歐洲一員或歐亞浪人？

俄羅斯雖提出抗議，可能會默認北約組織在一九九九年擴張，納入若干中歐國家，因為自從共產主義傾覆後，俄羅斯與中歐國家之間的文化與社會差異已大為擴大。相反地，俄羅斯將很難默許烏克蘭加入北約組織，因為如此做等於是承認烏克蘭的命運不再與俄羅斯的命運息息相關。然而，如果烏克蘭要維持獨立國家地位，就必須成為中歐之一部分，而不是歐亞之一部分；如果它要成為中歐的一部分，就必須全面參與中歐與北約組織及歐洲聯盟的關係。俄羅斯接納這些關係，將界定俄羅斯本身是否決定真正也成為歐洲的一部分。俄羅斯若是拒絕，就等於排拒歐洲，偏向孤零零的「歐亞」認同。

我們應當牢記在心的一個關鍵點是，俄羅斯不能在烏克蘭不加入歐洲的情況下，獨自加入歐洲；至於烏克蘭則可以不要俄羅斯就逕自加入歐洲。假設俄羅斯決定站到歐洲陣營，最終符合俄羅斯本身利益，就是把烏克蘭納入歐洲擴大中的結構。的確，烏克蘭與歐洲的關係可以是俄羅斯自身的轉捩點。但是，這也意謂著界定俄羅斯對歐洲關係的時刻，還頗遙遠——要踵武烏克蘭選擇親歐路線，勢必得先確定俄羅斯面對下一階段的歷史要怎麼走？——是也成為歐洲一員？或是成為歐亞浪人，既非真正的歐洲，也非真正的亞洲，陷身在近鄰衝突之中。

我們期望擴大中的歐洲與俄羅斯之間的合作關係，能夠由形式上的雙邊關係演進為在經濟、政治和安全關係上有更深刻的有機關係。果能臻至此境，則二十一世紀的頭二十年裡，俄羅斯將逐漸成為歐洲不可分割的一部分，這個歐洲將不只包括烏克蘭，還會直抵烏拉山脈，甚至超越烏拉山脈。俄羅斯加入歐洲及跨大西洋共同體將開啟大門，使渴望與歐洲來往的高加索地區喬治亞、亞美尼亞和亞塞拜然三國，也能緊跟著加入。

我們不能預測這個進程速度會多快，但是有一件事卻很確定：如果地緣政治脈絡可以推動俄羅斯朝此一方向走；並且摒除其他誘惑，則這個進程會加快。俄羅斯越快投向歐洲，歐亞黑洞就可以越快以一個現代、民主的社會去填補。的確，就俄羅斯而言，這條道路的兩難之局不再是如何做地緣政治的抉擇，而是如何面對國家存亡的需要。

註釋：

① 見一九九二年秋季號《外交政策》所載〈我們的安全困境〉。

② 見《俄羅斯文學雜誌》一九九〇年一月刊載，亞歷山大・普羅卡諾夫（Aleksandr Prokhanov）著〈集中主義的悲劇〉。

③ 見一九九二年一月十二日接受《俄羅斯日報》的訪問記。

④ 見美國暨加拿大研究中心資深學者鮑加土洛夫（A. Bogaturov）和柯里門育克（V. Kremenyuk）所撰〈美國本身不會停止〉。

⑤ 譬如，據一九九六年十一月二十日國際傳真通訊社報導，葉爾辛的高級顧問魯里可夫(Dmitryi Ryurikov)認為烏克蘭是「一個暫時的現象」，同年十二月十日莫斯科的《*Obshchaya Gazeta*》日報報導：「在可預見的未來，東烏克蘭發生的事件可能使俄羅斯遭遇非常棘手的困難。群眾不滿的聲浪……將伴隨著向俄羅斯的籲求，甚至要求，去接管此一區域。莫斯科還沒有太多人預備好支持類似計劃。」西方還摸不清俄羅斯的意圖，更不能放心，因為俄羅斯不僅主張對克里米亞半島及施瓦斯托堡港擁有主權，甚至在一九九六年底刻意採取挑釁行動，在俄羅斯公共電視台夜間氣象報告時，把施瓦斯托堡港列入「國內主要城市氣象預報」對象。

⑥ 見一九九〇年《匯流》刊載楚貝茲科伊所撰〈成吉斯汗遺緒〉。

⑦ 一九九四年七月十五日羅馬《快報》刊載的訪問記。

⑧ 鮑加土洛夫一九九六年六月二十八日在《*Nezavisimaya Gazeta*》日報所發表的〈俄羅斯與美國現階段關係及互動前景〉。

⑨ 一九九六年初，雷貝德(Aleksandr Lebed)將軍發表一篇專文〈帝國消退或俄羅斯復活〉，暢論此一觀點。

歐亞巴爾幹
The Eurasian Balkans

在歐洲，提到巴爾幹這個字就使人想到種族衝突及列強在此一區域角逐爭雄的景象。歐亞大陸也有它的巴爾幹，但是歐亞巴爾幹面積更大、人口更多、甚至在宗教上及種族上亦更繁複不一。它們位於第三章所述全球不安定的中央區那個大型地理長橢圓形周邊，包含部分東南歐、中亞、部分南亞、波斯灣地區以及中東。

歐亞巴爾幹構成這個大長橢圓形的內圈核心（參見第一六三頁地圖），它們與外圈地區有一個特別不同之處：它們是個權力真空地帶。雖然波斯灣及中東地區絕大多數國家也不安定，美國是此一區域最終的仲裁力量。外圈的不安定區域因此是個單一國家霸權的區域，受到此一霸權的節制。相反地，歐亞巴爾幹真正類似我們熟悉的東南歐之巴爾幹：不僅其政治實體不穩定，而且還刺激比較強大的鄰邦入侵，這些強鄰皆決心反對其他國家在本區域稱霸。也正因為這種權力真空及權力吸力交互作用的熟悉現象，「歐亞巴爾幹」的名字當之無愧。

傳統的巴爾幹代表爭奪歐洲霸業時一個潛在的地緣政治大賞。歐亞巴爾幹跨越無可避免要出現的交通要衝上，直接貫串歐亞大陸最富裕、最工業化的東、西兩端，因此亦極富地緣政治的意義。甚且，就安全的立場及歷史的野心而論，至少就三個最毗鄰的強國，即俄羅斯、土耳其及伊朗來說，它們也十分重要；另外，中國亦透露跡象對此一區域政治興趣日增。但是歐亞巴爾幹做為潛在的經濟大獎，重要性大極了：除了黃金等重要礦物，此

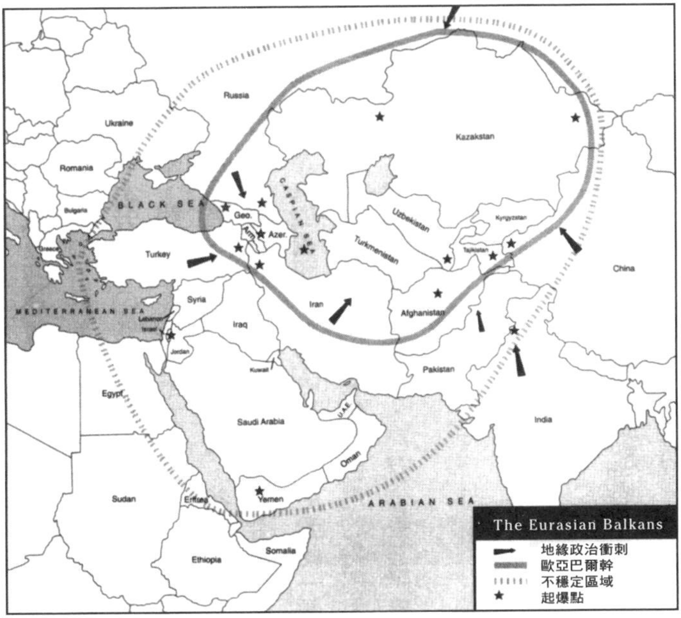
Russia
Ukraine
Romania
Bulgaria
BLACK SEA
Geo.
Arm.
Azer.
CASPIAN SEA
Kazakstan
Uzbekistan
Kyrgyzstan
Turkmenistan
Tajikistan
Greece
Turkey
MEDITERRANEAN SEA
Syria
Lebanon
Israel
Jordan
Iraq
Iran
Afghanistan
China
Pakistan
Kuwait
Egypt
Saudi Arabia
UAE
India
Oman
Sudan
Eritrea
Yemen
ARABIAN SEA
Ethiopia
Somalia
The Eurasian Balkans
地緣政治衝刺
歐亞巴爾幹
不穩定區域
起爆點

歐亞巴爾幹

一區域亦有非常豐富的天然氣及石油蘊藏。

未來二、三十年，世界能源消耗量必定大為增加。美國能源部估算，一九九三至二〇一五年之間世界需求量將上升逾五〇%，消耗量增加最顯著者將是遠東。亞洲經濟開發的動能已經對新能源的探勘、開發造成極大壓力，而中亞區域及裏海盆地已知其有豐富的天然氣及石油蘊藏，即使科威特、墨西哥灣及北海，都望塵莫及。

接近這些資源、分享其潛在財富，變成可以激發國家野心、激勵公司興趣、重燃歷史主權之爭、恢復帝國雄圖及加熾國際對敵的目標。由於此一區域不僅是權力真空，內部且又不穩定，情勢變得益發動盪。每一個國家都有嚴重的內部困難，全都有鄰國主張具有主權的邊境地區、或是有種族仇恨的邊境地區，只有少數其民族相當同質，若干國家則早已陷入領土、種族或宗教信仰的動亂之中。

種族大汽鍋

歐亞巴爾幹包括九個國家，或多或少符合上述描述，另兩個國家則頗有可能蹈上同樣命運。這九個國家是：哈薩克、吉爾吉斯、塔吉克、烏茲別克、土庫曼、亞塞拜然、亞美尼亞和喬治亞（全都是已經瓦解的蘇聯之加盟共和國），以及阿富汗。可能會加入這個名單的另兩國是土耳其及伊朗，他們在政治及經濟上都較有生存力、也都在歐亞巴爾幹之內積極爭取區域勢力，因此兩國都是本區域的重要地緣戰略玩家。同時，兩國對內部的種族衝突，可能都十分脆弱。如果兩者之一，或兩者同時都發生動亂，此一區域的內部問題將一發不可收拾，而試圖制限俄羅斯取得區域霸權的努力，可能也全部徒勞無功。

高加索三國

高加索三國——亞美尼亞、喬治亞和亞塞拜然——可說是真正的歷史古國。因此，它們的民族主義廣入人心，而外來衝突傾向於成為對其福祉的關鍵挑戰。相反地，新興的五個中亞國家，可謂還在建國階段，部落及種族意識仍強，使得內部的意見不一成為大問題。不論哪一型國家，這些弱點誘惑其強大、且有帝國心態的鄰國亟圖染指。

歐亞巴爾幹是種族大混居的區域（參見第一六六頁地圖及第一六七頁附表）。其國境疆界線是蘇聯測繪員在一九二〇年代、一九三〇年代信手一畫就畫定，正式成立上述各蘇聯加盟共和國（阿富汗從未被納入蘇聯版圖，則是例外）。他們的邊界大致是按照種族原則劃定，但是也反映出克里姆林宮意在保持俄羅斯帝國南方區域內部分裂、使之更加馴服的心意。

莫斯科因而拒絕了中亞民族主義者的提議，不肯把不同的中亞民族（絕大多數還未有

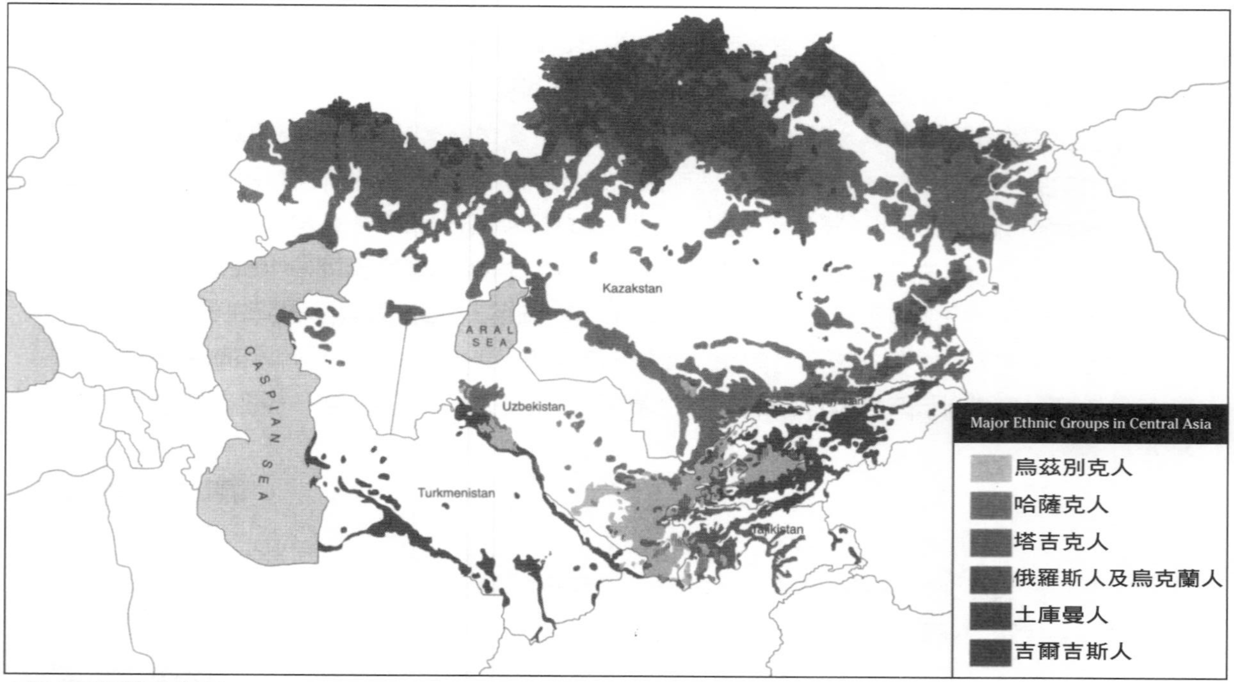
CASPIAN SEA
ARAL SEA
Kazakstan
Uzbekistan
Turkmenistan
Major Ethnic Groups in Central Asia
烏茲別克人
哈薩克人
塔吉克人
俄羅斯人及烏克蘭人
土庫曼人
吉爾吉斯人

中亞主要種族分佈圖

	阿富汗	亞美尼亞	亞塞拜然	喬治亞	哈薩克	吉爾吉斯	塔吉克	土庫曼	烏茲別克
人口（百萬'95）	21.3	3.6	7.8	5.7	17.4	4.8	6.2	4.1	23.1
平均壽命	45.4	72.4	71.1	73.1	68.3	68.1	69.0	65.4	68.8
種族分布（'95估計）	帕什敦人 （38%） 塔吉克人 (25%) 哈扎拉人 (19%) 烏茲別克人 (6%) 其他 (12%)	亞美尼亞人 (93%) 亞塞拜然人 (3%) 俄羅斯人 (2%) 其他 (2%)	亞塞拜然人 (90%) 達吉斯塔尼人 (3.2%) 俄羅斯人 (2.5%) 亞美尼亞人 (2.3%) 其他 (2%)	喬治亞人 (70.1%) 亞美尼亞人 (8.1%) 俄羅斯人 (6.3%) 亞塞拜然人 (5.7%) 歐斯西田人 (3%) 阿布卡贊人 (1.8%) 其他 (5%)	哈薩克人 (41.9%) 俄羅斯人 (37%) 烏克蘭人 (5.2%) 日耳曼人 (4.7%) 烏茲別克人 (2.1%) 韃靼人 (2%) 其他 (7%)	吉爾吉斯人 (52.4%) 俄羅斯人 (21.5%) 烏茲別克人 (12.9%) 烏克蘭人 (2.5%) 日耳曼人 (2.4%) 其他 (8.3%)	塔吉克人 (64.9%) 烏茲別克人 (25%) 俄羅斯人 (3.5%) 其他 (6.6%)	土庫曼人 (73.3%) 俄羅斯人 (9.8%) 烏茲別克人 (9%) 哈薩克人 (2%) 其他 (5.9%)	烏茲別克人 (71.4%) 俄羅斯人 (8.3%) 塔吉克人 (4.7%) 哈薩克人 (4.1%) 韃靼人 (2.4%) 卡拉卡巴人 (2.1%) 其他 (7%)
國內生產毛額（10億美元）*	不詳	8.1	13.8	6.0	55.2	8.4	8.5	13.1	54.5
主要輸出品	小麥 家畜 水果 地毯 羊毛 寶石	黃金 鋁 交通器材 電氣用品	石油、瓦斯 化學品 油田設備 紡織品 棉花	柑橘水果 茶 酒 機械 含鐵金屬 非鐵金屬	石油 含鐵金屬 非鐵金屬 化學品 穀類 羊毛 肉 煤	羊毛 化學品 棉花 含鐵金屬 非鐵金屬 鞋 機械 菸	棉花 鋁 水果 蔬菜油 紡織品	天然瓦斯 棉花** 石油產品** 電力 紡織品 地毯	棉花 黃金 天然瓦斯 礦物質肥料 含鐵金屬 紡織品 食品

*'94 購買力，依'92 世界銀行估算推算所得。

**土庫曼是全世界第十大棉花生產國，天然瓦斯儲藏量居世界第五位，另外石油儲藏量亦相當大。

國家、民族意識）融合成為一個單一的政治實體（取名為「土耳其斯坦」），寧可成立五個個別的「共和國」，每一個都取個新名字，而且邊界犬牙交錯。可能出於同樣的考量，克里姆林宮捨棄成立單一的高加索聯邦的計劃。因此，當蘇聯瓦解時，高加索三國及中亞五國都未完全準備好接受新興獨立地位或亟需的區域合作，也就不足為奇。

在高加索地區，亞美尼亞不到四百萬的人口，及亞塞拜然的八百萬人口，立刻為亞塞拜然境內一塊亞美尼亞人居住的土地納戈諾•卡拉巴克（Nagorno-Karabakh）的地位，爆發公開戰爭。這場衝突產生大規模的種族大清掃，數十萬名難民及遭驅離者，互相往另一方逃難遷徙。由於亞美尼亞人是基督徒，亞塞拜然人是回教徒，這場戰爭沾上宗教衝突的味道。戰爭造成經濟殘破，兩國更加難以建立穩定、獨立的地位。亞美尼亞被迫更加仰賴俄羅斯，由它提供相當大的軍事援助，亞塞拜然則因丟掉納戈諾•卡拉巴克，其新獨立及內部穩定大受打擊。

掌握瓶子的軟木塞：亞塞拜然

亞塞拜然由於地處地緣政治樞紐，其挫弱有廣泛的區域影響。它可以說是極為重要的「軟木塞」掌握住「瓶子」，瓶內則是裏海盆地及中東之富源。一個獨立、說土耳其語的亞塞拜然，輸油管由它通達有種族關連、政治上肯支持的土耳其，可以阻止俄羅斯壟斷進入本地區的通路，也因而使得俄羅斯失去對新興中亞諸國的政治牽制力道。可是，亞塞拜然太弱，難以抵拒北方俄羅斯的壓力，也無力抗拒南方伊朗的施壓。居住在伊朗西北部的亞塞拜然人，據傳比亞塞拜然境內的亞塞拜然人還要多出一倍（據估計有二千萬人之多）。這個事實使伊朗害怕境內亞塞拜然人有朝一日說不定會鬧分離運動，因此儘管兩國都信奉回教，伊朗卻對亞塞拜然的主權地位，憂喜兼具。由於這個緣故，亞塞拜然成為俄羅斯和伊朗共同施壓的目標，阻止它與西方打交道。

喬治亞又與亞美尼亞、亞塞拜然都不一樣，後兩者的種族相當同質，可是喬治亞六百萬人口中有三〇％是少數民族。甚且，這些少數民族組織及認同上仍然部落意識高於一切，卻強烈痛恨喬治亞的主宰。蘇聯瓦解時，歐斯西田人(Ossetians)和阿布卡贊人(Abkhazians)遂利用喬治亞內部政治鬥爭激烈，企圖分裂出去，俄羅斯立刻悄悄支持此一分離運動，以便迫使喬治亞向俄羅斯壓力退讓，留在獨立國協之內（喬治亞起初希望完全退出獨立國協），並且接受俄羅斯在喬治亞境地設置軍事基地，以便阻止土耳其染指。

在中亞，內部因素往往是推動不穩定的更主要原因。文化上和語言上，五個新興獨立的中亞國家有四個屬於土耳其語系。塔吉克在文化及語言上承襲波斯語系，阿富汗（沒被前蘇聯納入版圖）則是帕坦人(Pathan)、塔吉克人、帕什敦人(Pashtun)和波斯人的種族大雜燴。這六個國家全部信奉回教。絕大多數在其長遠的歷史裡，先後受到波斯、土耳其及俄羅斯帝國的影響，但是這個共通經驗並沒有讓他們培養出共同的區域利益之意識。反而他們的種族組成複雜多元，使他們容易發生內、外動亂，引起強敵覬覦、入侵。

哈薩克是「盾牌」，烏茲別克則是本區民族意識覺醒的「靈魂」

在五個新興獨立的中亞國家中，以哈薩克及烏茲別克最為重要。哈薩克可謂是「盾牌」，烏茲別克則是本區域各國民族意識覺醒的「靈魂」。由於只有哈薩克與俄羅斯有共同邊界，它的地理位置及面積護住其他國家，不會受到俄羅斯直接的實質壓力。然而，哈薩克人口約一千八百萬，大約三五％是俄羅斯人（不過，俄羅斯人口在本地區已在穩定下降中），另有二〇％亦非哈薩克人；哈薩克新的統治者本身雖已漸有國家民族意識，但只代表國內總人口的半數，因此很難以種族及語文為基礎去推動建國工作。

住在這個新國家的俄羅斯人自然怨恨新的哈薩克領導階層，因為過去為殖民統治階級，教育及地位都比一般人高，他們擔心會失去特權。甚且，他們對新興的哈薩克民族主義，也不隱諱，根本就看不起。哈薩克的西北部及東北部區域，俄羅斯墾殖者為數甚大，如果哈、俄關係嚴重惡化，哈薩克恐有領土分裂之虞。同時，在俄羅斯境內及烏茲別克東北部，也住有數十萬名哈薩克人。哈薩克視烏茲別克是與它角逐中亞領導權的勁敵。

事實上，烏茲別克是中亞地區領導權的主要候選人。雖然面積及天然資源都不及哈薩克，它的人口則較多（將近二千五百萬人），更重要的是，人口比起哈薩克同質性高出許多。本土出生率高，從前居主導地位的俄羅斯人又逐漸遷走，不久其人口的七五％將是烏茲別克人，只剩下為數不多的俄羅斯人聚居在首都塔什干(Tashkent)附近。

而且，烏茲別克的政治菁英刻意把新國家視為中古帖木兒大帝國(Tamerlane，一三三六至一四〇四年）的直系血胤，帖木兒帝國的首都撒馬爾干(Samarkand)是中亞研究宗教、天文和藝術的知名中心。這個歷史傳承關係使得現代的烏茲別克人比起其鄰國有更深刻的歷史延續感及區域使命感。的確，有若干烏茲別克領袖視烏茲別克是單一的中亞實體之核心，認為塔什干應該是中亞首都。烏茲別克的政治菁英及其人民，比起中亞其他國家都更積極，不論國內有何困難，都在主觀上有建設現代民族國家的認識，並且堅決不再退回到殖民地地位。

這種情勢使得烏茲別克既成為培養超越種族、現代民族主義意識的領袖，也成為鄰國不豫的對象。即使當烏茲別克領導人定下建國及支持本區域更大的自給自足之步調，它因為具有相對較大的民族同質性，以及較濃厚的國家意識，使得土庫曼、吉爾吉斯、塔吉克乃至哈薩克的統治者都害怕，擔心烏茲別克若在中亞躍居領袖地位，會演變成烏茲別克在本區域稱雄。這種顧慮阻遏新興主權國家間的合作（俄羅斯原本就不鼓勵他們互相合作），並且使本區域長久陷於積弱不振局面。

然而，烏茲別克也與其他國家一樣，並非完全沒有種族緊張情勢。烏茲別克南部某些地方，尤其在歷史、文化重鎮撒馬爾干和巴庫拉(Bukhara)附近，塔吉克裔人口不少，這些塔吉克人依然怨恨莫斯科當年劃定的疆界。事態益加複雜的是，西部塔吉克也有烏茲別克人，吉爾吉斯經濟重鎮佛加納流域(Fergana Valley，近年來此地曾爆發流血種族暴亂事件)也有不少烏茲別克人及塔吉克人，更不用說烏茲別克人在阿富汗北部為數亦眾。

吉爾吉斯・塔吉克・土庫曼

其他三個脫離俄羅斯殖民統治的中亞國家——吉爾吉斯、塔吉克和土庫曼——只有第三個在種族上稍為團結，其四百五十萬人口中大約七五％是土庫曼人，另外烏茲別克人及俄羅斯人各自佔不到一○％。土庫曼的地理位置得到屏障，使它相對距俄羅斯有一段距離，因此烏茲別克及伊朗在地緣政治關係上反而與其政治前途較密切。一旦經由此一地區的輸油管開發完成，土庫曼真正龐大的天然瓦斯儲存，將預兆著其人民的富裕繁榮。

吉爾吉斯的五百萬人口就相當多元。吉爾吉斯人約佔總人口的五五％，烏茲別克人佔約一三%，而俄羅斯人的比重由二〇%在最近降到約一五%強。在獨立之前，俄羅斯人大都是技術、工程界的知識份子，他們遷徙出境使吉爾吉斯經濟受傷頗重。雖然礦藏豐富，而且天然景色優美，以致有人稱它是「中亞的瑞士」（因此發展為觀光新勝地的潛力極大），吉爾吉斯的地緣政治位置正好夾在中國及哈薩克之間，使得其前途相當大程度繫於哈薩克能否維持獨立。

塔吉克只能說種族上略為同質性，在其六百五十萬人口中，不到三分之二是塔吉克人，超過二五%是烏茲別克人（塔吉克人有點敵視他們），至於俄羅斯人則不到三%。然而，與其他地方一樣，即使佔優勢的種族社群也依部落不同而尖銳、甚至血腥分立，現代國家主義只限於都會政治菁英才流行。結果所致，獨立不僅製造內部摩擦，還給俄羅斯一個藉口，繼續駐軍在塔吉克國境內。種族情勢更加複雜的一面是，在北部阿富汗也有大量塔吉克人。事實上，住在阿富汗境內的塔吉克人人數與塔吉克境內的塔吉克人不相上下，這是影響到中亞區域穩定的又一個因素。

阿富汗

雖然阿富汗不是前蘇聯的一個加盟共和國，它目前的紊亂局勢卻是拜蘇聯之賜。受到蘇聯佔領而分裂、兼以持久游擊戰反抗蘇聯佔領，阿富汗空有民族國家之名，它的二千二百萬人民依種族不同而嚴重分裂，在其國內的帕什敦人、塔吉克人和哈札拉人(Hazaras)之間也越來越不合。同時，反抗俄羅斯佔領軍的聖戰使得宗教成為阿富汗政治生活中最要緊的層面，對已經夠尖銳的政治歧異又注進教條式的狂熱。因此阿富汗被認為不僅是中亞種族大汽鍋的一部分，在政治上亦是歐亞巴爾幹的一部分。

伊斯蘭復活，很可能成為號召新民族主義的工具

雖然所有的前蘇聯中亞國家，加上亞塞拜然，人口絕大多數是回教徒，它們的政治領袖（大多數還是蘇聯時代的產品）幾乎在外貌上都完全不具宗教意味，國家也在形式上屬於世俗味道。然而，當人民由主要是傳統宗派、部落意識轉向比較現代的國家覺醒意識時，他們也越來越深受伊斯蘭意識的影響。事實上，伊斯蘭復活（已經由伊朗及沙烏地阿拉伯從外面開始煽動）很可能成為號召新民族主義的工具，要求老百姓起而反對接受俄羅斯人（也等於是異教徒）控制的重新統合運動。

的確，伊斯蘭化的過程也可能傳染到仍住在俄羅斯境內的回教徒。他們的人數約有二千萬人，是繼續滯留在中亞新興獨立國家，不得已接受外族統治的俄羅斯人（大約有九百

五十萬人）之兩倍。俄羅斯境內的回教徒約佔其全國人口的一三％，幾乎無可避免，他們將越來越堅定要求有權信仰特定宗教，有權主張新的政治身份。即使他們還不致於直截了當要求獨立（如車臣），卻會與俄羅斯將在中亞面對的難局產生重疊——尤其是近來俄羅斯已現出插手中亞局勢的帝國主義行徑，加上俄羅斯人在這些新興國家淪為少數民族，迫使俄國人亟思反撲。

土耳其與伊朗

令歐亞巴爾幹的不穩定大幅上升，且使情勢益發具爆炸性的另一個事實是：土耳其和伊朗這兩個毗鄰的民族國家，對此一地區長久以來即有帝國的、文化、宗教和經濟利益，本身的地緣政治走向又變幻無常，內部亦積弱不振。假設這兩個國家變得不穩定，很可能整個區域會陷入重大失序亂局，目前已進行的種族及領土衝突將如脫韁之馬失控，本區域已經微妙的均勢也會嚴重受到干擾。因此之故，土耳其和伊朗不僅是重要的地緣戰略玩家，還是地緣政治樞紐，他們本身內部狀況攸關中亞區域的命運。伊朗與土耳其都是中型強國，有強烈的區域雄心，也有歷史使命感。可是，未來的地緣政治走向，甚至兩國的國家凝聚力都還不穩定。

土耳其走出帝制之後，還在重新界定其身份的政治過程中，它受到三個方向的拉扯：現代派希望土耳其成為歐洲國家，主張向西方看齊；回教徒傾向中東及回教世界，主張向南方看；具有歷史使命感的民族主義者，視裏海盆地及中亞的土耳其語系人為本區域稱雄的土耳其之新使命，因此主張向東方看。每一派都各立於一個不同的戰略軸線上，他們之間的爭執產生凱末爾革命以來第一次土耳其對其區域角色的不確定感。

甚且，土耳其本身可能成為本區域種族衝突的受害人。雖然其六千五百萬人口絕大多數是土耳其人，其中八〇%是突厥種（但仍包含一部分色加西安人(Circassians)、阿爾巴尼亞人、波士尼亞人、保加利亞人及阿拉伯人），另有二〇%是庫德人(Kurdish)。土耳其的庫德人集中在東部地區，越來越被伊拉克及伊朗境內的庫德人影響，同情獨立建國運動。土耳其國內一旦對國家整體方向發生緊張局勢，無疑地必會鼓勵庫德人更劇烈施壓，要求有獨立的國家地位。

伊朗的未來方向更是問題重重。基本教義派的什葉族在一九七〇年代末期革命成功，可能已進入 Thermidorian 階段，凸顯出對伊朗地緣戰略角色的不確定。一方面，無神論的蘇聯崩潰，使得伊朗北邊新興獨立鄰國有機會在宗教信仰上新做選擇；另一方面，伊朗對美國依然仇視，使得伊朗至少在戰術上仍採親莫斯科路線，這個親俄路線由於伊朗關切亞塞拜然新獨立對其影響，而有強化的趨勢。

關切起自於伊朗本身對種族衝突有弱點。伊朗人口六千五百萬，與土耳其人口幾乎一樣多，但僅有略為過半是波斯人，大約四分之一是亞塞拜然人，其餘則是庫德人，俾路支人(Baluchis)、土庫曼人、阿拉伯人及其他部落。除了庫德人及亞塞拜然人，目前其他種族沒有能力威脅到伊朗的國家統合，尤其是波斯人有相當高的國家意識，甚至帝國意識。但是，一旦伊朗政治發生新危機，這個情勢可能立刻發生變化。

猶有進者，本地區目前存在若干新興獨立國家，甚至為數只有一百萬的車臣人也堅持其政治獨立的意念，必定會對伊朗境內庫德人及其他少數民族產生壞榜樣效果。如果亞塞拜然的政治及經濟發展穩定成功，伊朗境內的亞塞拜然人可能將越發傾向接受大亞塞拜然的主張。因此，德黑蘭的政治不穩定及分裂，可能擴張成對伊朗國家團結的挑戰，從而大大蔓延，增加歐亞巴爾幹的面積，也增加其危機。

多元競爭

傳統的歐洲巴爾幹涉及到鄂圖曼帝國、奧匈帝國及俄羅斯帝國三個大敵的正面激烈競爭。此外還有三個間接參與者，關心一旦某特定主角勝利，他們的歐洲利益將受到不利影響：德國擔心俄羅斯稱雄，法國反對奧匈帝國，英國寧可由衰弱的鄂圖曼帝國控制達達尼爾海峽，而不願見到其他主要競爭者冒出來控制住巴爾幹。整個十九世紀，列強設法圍堵住巴爾幹危機，不敢輕忽任何人的重大利益，但是在一九一四年卻出了差錯，以致人人都遭殃。

今天歐亞巴爾幹內的競爭也直接涉及到三個毗鄰列強：俄羅斯、土耳其和伊朗，不過，中國可能也終將成為一個重要主角，涉及在這個競爭中。但比較遙遠、間接者是烏克蘭、巴基斯坦、印度及美國。這三個主要的直接競爭者，個個都不只為了圖謀未來的地緣政治及經濟利益而介入，也都有強烈的歷史脈動。每一個國家都曾一度是本區域的政治或文化主導大國；每一個國家都懷疑別人居心叵測。雖然不太可能發生直接正面戰爭，但是他們公然對敵累積到最後，可能造成區域大亂局。

就俄羅斯人而言，其仇視土耳其人的態度可說已經到了近乎病態的地步。俄羅斯媒體筆下的土耳其亟欲染指控制本地區，煽動當地人抵抗俄羅斯（在車臣這個例子上並沒有說錯），甚至誇大土耳其對俄羅斯整體安全的威脅，已經到了超出土耳其實際能力的地步。土耳其也回敬，自視為拯救兄弟脫離俄羅斯長久高壓統治的國家。土耳其人和伊朗人（波斯人）也是在此一區域的宿敵，彼此在近年來又恢復對敵，土耳其以現代化、世俗化為號召，而伊朗則堅持伊斯蘭社會的觀念。

雖然這三個國家都可以說至少追求一個勢力範圍，在俄羅斯這個個案上來說，莫斯科的野心就大得多，由於對帝國控制記憶猶新、本地區有數百萬名俄羅斯人，加上克里姆林宮希望讓俄羅斯恢復全球大國的地位。莫斯科的外交政策聲明交代得很清楚，它把整個前蘇聯領土都當成是克里姆林宮特殊地緣戰略利益的範圍，外界政治勢力、甚至經濟勢力都應該排除到區域之外。

相反地，雖然土耳其渴望爭取區域影響力，仍保有若干帝國遺跡（鄂圖曼帝國在一五九〇年達到巔峯時期，征服了高加索和亞塞拜然，但並未把中亞納入版圖），他們目前則以與此一地區土耳其裔人種族、語文相同為訴求。（參見第一八〇頁地圖）鑒於土耳其的政治、軍事力量相當有限，獨佔的政治勢力範圍根本就做不到。土耳其因而自視為一個鬆懈的土耳其語社區的潛在領袖，以其相對現代化、語文親切，及有經濟能力建立最強大勢力做為號召。

中亞地區伊斯蘭的復活，已變成伊朗統治者野心的一部分

伊朗的志向還比較模糊，但就長期而言，對俄羅斯野心的威脅並未稍少。波斯帝國已是非常遙遠的記憶。在其全盛時期，即西元前五〇〇年左右，它的領土涵蓋今天高加索三國（土庫曼、烏茲別克和塔吉克）、阿富汗、土耳其、伊拉克、敘利亞、黎巴嫩和以色列的

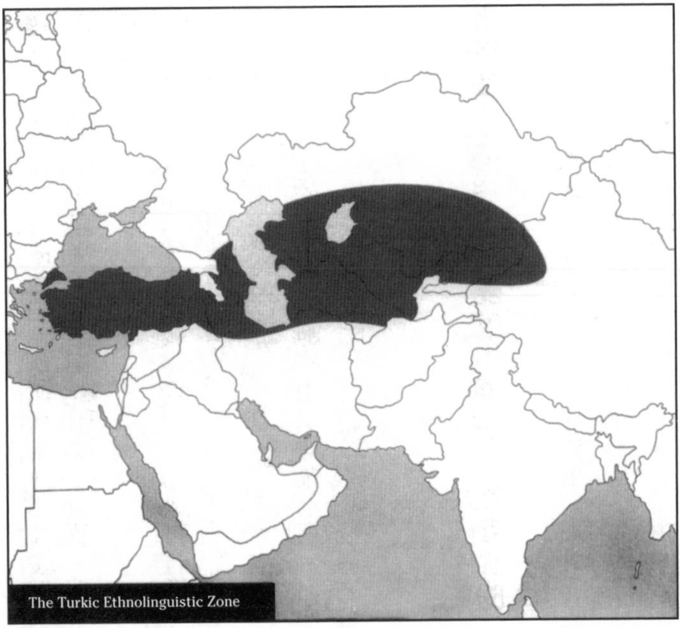
The Turkic Ethnolinguistic Zone

土耳其語系民族區域

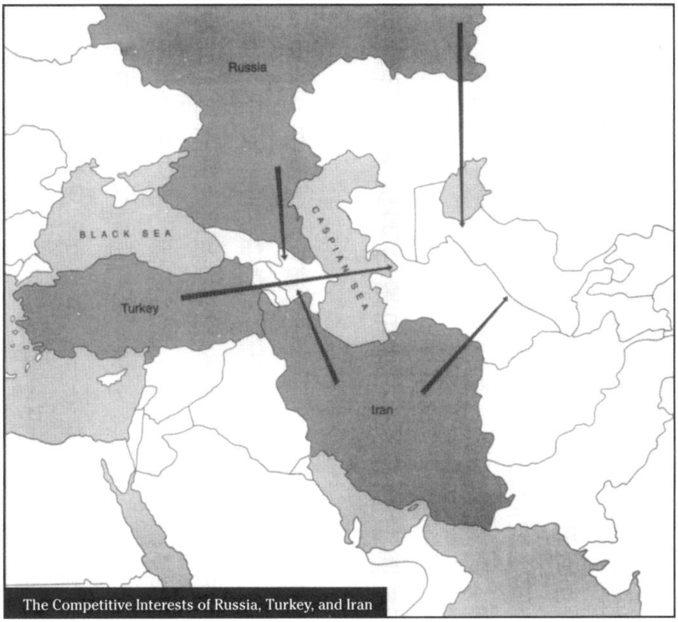
Russia
BLACK SEA
CASPIAN SEA
Turkey
Iran
The Competitive Interests of Russia, Turkey, and Iran

俄、土、伊三國利益競逐圖

領土。雖然伊朗目前的地緣政治野心比土耳其小，只指向亞塞拜然及阿富汗，本地區整個回教人口（甚至俄羅斯境內的回教徒），乃是伊朗宗教利益的目標。的確，中亞地區伊斯蘭的復活已變成伊朗現今統治者野心的一部分。

俄羅斯、土耳其和伊朗的競爭利益，可參見第一八一頁地圖：就俄羅斯的地緣政治而言，兩個箭頭直接向南指向亞塞拜然和哈薩克；就土耳其而言，有一支箭頭向東穿越亞塞拜然及裏海，指向中亞；至於伊朗，則有兩支箭頭，一支向北指向亞塞拜然，一向東北，指向土庫曼、阿富汗和塔吉克。這些箭頭不只交叉而過，也會互相衝撞。

中國擔心新疆的土耳其裔少數民族，以中亞新興獨立國家為榜樣

在目前這個階段，中國的角色比較有限、目標也比較不明顯。我們有理由判斷，中國寧可見到在它西邊是一組相當獨立的國家，而不願見到一個俄羅斯帝國。最低限度，這些新興國家可以充當緩衝，但是中國也焦慮，深怕在新疆省的土耳其裔少數民族可能視中亞新興獨立國家為一個榜樣。基於這個理由，中國尋求哈薩克保證，一定鎮壓越界的少數民族活動。長期而言，本區域的能源一定讓北京感到特別興趣，直接接觸它們，不必受到莫斯科掌控，就是中國的中心目標。因此，中國的整體地緣政治利益，傾向於與俄羅斯追求

霸權角色有所衝突，反而與土耳其及伊朗的期望相補。

烏克蘭的關鍵議題是獨立國協的未來性質及可以減低烏克蘭對俄羅斯依賴的取得能源這兩項。就此而言，與亞塞拜然、土庫曼和烏茲別克保持更密切關係，就對基輔很重要，因為烏克蘭支持這些更加獨立的國家，就等於是烏克蘭強化自身對莫斯科獨立的延伸作法。照這個想法，烏克蘭已支持喬治亞成為亞塞拜然石油出口的西行路徑。烏克蘭也已與土耳其合作，以便挫弱俄羅斯在黑海的影響力，並且支持土耳其設法使中亞石油輸送到土耳其港口的作法。

巴基斯坦與印度目前仍無介入之跡象，但並不是說他們就漠不關心在這個新出現的歐亞巴爾幹可能發生的事件。就巴基斯坦而言，其主要興趣是透過在阿富汗的政治影響力，獲得地緣戰略之深入——並且阻止伊朗在阿富汗及塔吉克獲致此一影響力——進一步更因興建輸油管連結中亞及阿拉伯海而獲利。印度對巴基斯坦的構想有所防備，可能也關切中國在本區域的長期影響力，對伊朗在阿富汗的影響力，及俄羅斯在這些前蘇聯領土擴伸勢力，就比較支持。

美國隱隱然是背後間接卻重要的角色

美國雖然地理位置遙遠，卻關心要在前蘇聯所轄歐亞大陸維持地緣政治多元化，隱隱然在背後扮演雖是間接、卻越來越重要的角色，它不僅清楚明白志在開發本區域資源，而且有心阻止俄羅斯獨佔此一區域的地緣政治空間。美國如此作法，不僅是追求本身在歐亞大陸有更大的地緣戰略目標，也代表美國本身成長中的經濟利益以及歐洲、遠東的經濟利益，爭取不受限制接近這個先前封閉的區域。

因此，在這個大汽鍋裡大家爭的是：地緣政治權力、接近可能的巨大資源，實現國家、宗教的使命以及安全。然而，競爭的特定焦點就是「通路」(access)。直到蘇聯瓦解之前，莫斯科獨佔對本區域之通路。所有的鐵路運輸、瓦斯及石油管路，甚至航空運輸，全都經由中心散布出去。俄羅斯的地緣政治家傾向維持現狀，因為他們明白，誰控制或主宰對本區域的接近通路，就最有可能贏得這個地緣政治及經濟的至寶。

基於這個考量，輸油管議題成為裏海盆地及中亞未來的關鍵。如果本區域的主要輸油管繼續經過俄羅斯領土，送到黑海邊的俄羅斯港口諾瓦洛斯伊斯克(Novorossiysk)輸出，這種情況的政治意義不言已宣，俄羅斯不用做任何權力表態。本區域將依然是莫斯科的政治附庸，莫斯科將居於強勢地位裁定本地區新財富如何分配。反之，如果建築一條輸油管穿過裏海到亞塞拜然，然後取道土耳其到達地中海，另一條輸油管穿越阿富汗到達阿拉伯海，就不會有單一國家壟斷通路。

令人困擾的一個事實是，俄羅斯政治菁英中某些人士的作法，彷彿是如果俄羅斯不能完全掌控通路，寧願根本不開發本區域的資源。如果外國投資會導致外國經濟利益，及隨之而至的政治利益更直接出現在本地區，就讓這些財富不要開發利用。這種主人心態根植於歷史，需要時間及外界施壓才可能改變。

沙皇花了約三百年功夫才擴張、深入高加索及中亞，但是終結卻快得令人震撼。鄂圖曼帝國失去活力時，俄羅斯帝國南進，沿裏海海岸向波斯推進，它在一五五六年佔領阿斯特拉堪汗國(Astrakhan Khanate)、一六〇七年進抵波斯，在一七七四至八四年間，征服克里米亞；一八〇一年，佔領喬治亞王國；再次於十九世紀下半葉征服散布在高加索山區的部落(車臣人的反抗韌性十分驚人)，並於一八七八年完成佔領亞美尼亞。

征服中亞就比較不似征服敵對帝國那麼大張旗鼓，而是把一些基本上孤立、準部落性質只能偶爾抵抗的封建汗國和酋長國，收歸臣屬。一八〇一至一八八一年間透過一系列軍事遠征，佔領烏茲別克和哈薩克；土庫曼也在一八七三至八六年的征戰中被擊垮，納入版圖；然而，到了一八五〇年絕大多數中亞地區基本上已都臣服，只是即使到了蘇聯統治時期仍間歇會爆發一些小地區的抗俄活動。

問題不再是恢復帝國勢力，而是如何創造新的關係網

蘇聯的崩潰製造一個驚天動地的歷史大逆轉。一九九一年十二月僅僅兩個星期，俄羅斯的亞洲版圖突然間縮小約二〇%，俄羅斯在亞洲所管轄的人口也由七千五百萬人，驟降到約三千萬人左右。此外，高加索地區另有一千八百萬人脫離俄羅斯統治。俄羅斯政治菁英更加痛心的是，意識到這些地區的經濟潛力現在已成為外國利益覦覬的目標，直到近來還只有俄羅斯能接近的這些資源，外國人挾財力要來投資、開發及利用。

可是，俄羅斯面臨一個兩難局面：政治上它太弱，不足以完全封鎖住此一區域，不讓外人進入；財務上它太窮，無力自己包辦開發。甚且，明理的俄羅斯領袖理解，在這些新興獨立國家人口爆炸成長，表示它們若不能維持經濟成長，勢必在俄羅斯整個南疆製造出一個爆炸性的局面。俄羅斯在阿富汗及車臣的經驗可能在由黑海至蒙古全線邊境重演，尤其是過去臣屬的這些子民現在正興盛著民族意識及伊斯蘭精神。

因此，俄羅斯必須設法寬容接納後帝國時代的新現實，尋求圍堵住土耳其與伊朗的勢力伸入，制止新興獨立國家傾向其主要敵手、阻撓真正獨立的中亞區域合作出現，並且限

制美國地緣政治影響力出現在新的主權國家之首都。問題不再是恢復帝國勢力（這方面成本太高，且將遭到激烈反抗），而是如何創造一個新的關係網，制限住新興國家，並且維持俄羅斯的優勢地緣政治及經濟地位。

要完成此一任務選定的工具，主要就是獨立國協，不過在若干地方借助俄羅斯軍力及技巧運用俄羅斯的「分而治之」外交策略，也能達成克里姆林宮的目的。莫斯科用盡辦法設法讓新興國家在最大程度上接受日益整合的「國協」之觀念，並且極力促成以中央指導制度管制獨立國協的對外邊界；追求在共同外交政策的架構內有更緊密的軍事整合；也追求進一步擴張現有（原先由蘇聯掌控的）輸油管，並排除任何繞道不經過俄羅斯的新管線。俄羅斯的戰略分析已明白表述，即使中亞區域已不再是帝國統合的一部分，莫斯科仍把它視為自己的特殊地緣政治地盤。

強化獨立國協為恢復俄羅斯政、經勢力的主要機制

俄羅斯的地緣政治意圖，可以由它堅持尋求維持俄軍駐紮在新興國家的領土，見其一斑。莫斯科利用阿布卡贊人分裂運動，取得在喬治亞境內設基地、駐軍的權利；利用亞美尼亞需要支持其抵抗亞塞拜然的戰爭，取得合法駐軍亞美尼亞的權利，運用政治、經濟壓

力取得哈薩克同意俄軍保留基地；此外，塔吉克內戰使得前蘇聯軍隊得以不退出。

莫斯科在界定其政策時有一個明顯的期望，期待它與中亞地區後帝國時代的關係網，將逐漸閹割掉個別都挺弱的新興國家主權之實質內容，把它們置於臣服在「統合後的獨立國協」指揮中心之下的地位。為了達成此一目標，俄羅斯阻撓新興國家自己建置獨立的軍力，不鼓勵使用其獨特語文（他們已逐漸以拉丁文取代古斯拉夫塞瑞爾字母），不要與外界發展親密關係，不要興建直接通往阿拉伯海或地中海的新輸油管。如果此計得售，俄羅斯就可以主導它們的外交關係、決定它們的收入分配。

在追求此一目標時，俄羅斯發言人經常引用歐洲聯盟的例子。（參見第四章）然而，事實上俄羅斯對中亞國家及高加索的政策，更像法國舊屬非洲社區的關係——法國以派軍駐防及預算補助的方式，替後殖民時期的法語系非洲國家決定政治及政策。

恢復最大可能程度的俄羅斯政治及經濟勢力是整體目標，強化獨立國協是達成此一目標的主要機制，莫斯科希冀政治從屬的主要地緣政策目標，顯然是亞塞拜然及哈薩克。俄羅斯的政治反攻要想成功，莫斯科必須不僅扼住本地區的通路，也必須滲透其地緣防盾。

就俄羅斯而言，亞塞拜然必然是優先目標，亞塞拜然臣服就有助於把西方阻絕在中亞之外，尤其不讓土耳其介入，因而可進一步增加俄羅斯對不肯聽命的烏茲別克和土庫曼的力量。針對這個目標，與伊朗就如何分配裏海海床鑽探權這類有爭議的議題做戰術合作，就成為勸服巴庫接納莫斯科意願的主要目標。亞塞拜然能歸順，也有助於俄羅斯在喬治亞及亞美尼亞主導地位之鞏固。

哈薩克也是個特別令人垂涎的目標，由於其種族狀況的弱點，使得哈薩克政府若與莫斯科公然對立，無法佔上風。莫斯科也可以利用哈薩克擔憂中國越來越強的心理，以及哈薩克對中國新疆省回族人口漢化不滿的心理。哈薩克逐漸歸順，將產生幾乎自動把吉爾吉斯及塔吉克拉進莫斯科控制範圍的地緣政治效果，也會使烏茲別克和土庫曼更直接暴露在俄羅斯壓力下。

然而，俄羅斯的戰略卻幾乎與全體歐亞巴爾幹國家的期望相反。他們的新興政治菁英不會自動讓出透過獨立所獲致的權力及特權。當地方上的俄羅斯人逐漸空出原先的特權地位，新興菁英迅速發展出在主權上的重大利益，這是一個有活力、但具有社會傳染性的過程。甚且，一旦政治冷漠的人也開始增高國家民族意識，除了喬治亞及亞美尼亞，也更有伊斯蘭認同意識。

就外交事務而言，喬治亞及亞美尼亞（雖然後者依賴俄羅斯支持，以對抗亞塞拜然）會願意逐步與歐洲結合。資源豐富的中亞國家及亞塞拜然，願意擴大美國、歐洲、日本乃至最近韓國之資金投入，希望藉此大為加速他們本身的經濟發展，並且強化其獨立。就這個目標而言，他們也歡迎土耳其及伊朗增加份量，把它們當做對俄羅斯力量的反制，也是通往南方廣大的回教徒世界的橋樑。

古老絲路重新開通，俄羅斯不再能阻絕歐洲與亞洲

亞塞拜然得到土耳其及美國的鼓勵，不只拒絕俄羅斯留住軍事基地的要求，還不聽俄羅斯提議只建一條輸油管通往俄羅斯在黑海的港口，反而另建一條輸油管，取道喬治亞、通往土耳其（另外一條取道伊朗的南向輸油管，擬由美國公司出資興建，卻因美國對伊朗實施經濟制裁而取消）。一九九五年在相當的風光下，連結土庫曼及伊朗的一條新鐵路通車啟用，使得歐洲可以藉由鐵路與中亞貿易往來，繞過俄羅斯。這條古老絲路的重新開通，還有象徵性的戲劇效果，俄羅斯不再能阻絕歐洲及亞洲。

烏茲別克在其反對俄羅斯「統合」作為時，也越來越堅定。他的外交部長一九九六年八月公然宣布：「烏茲別克反對建立獨立國協的超國家機構，用為集中控管的工具。」它的堅強民族主義姿態已經造成俄羅斯新聞媒體的尖銳譴責，認為烏茲別克：

> 經濟方面堅決的親西方走向，對獨立國協內部統合條約嚴詞抨擊，拒絕加入關稅同盟，有規劃的反俄民族主義政策（甚至把使用俄語的幼稚園關閉）

……就美國的亞洲區域政策是追求俄羅斯積弱而言，這個立場頗有吸引力。①

即使哈薩克在俄羅斯施壓下，也支持建第二條輸油管不要取道俄羅斯。哈薩克總統顧問卡斯諾夫(Umirserik Kasenov)說：

事實上哈薩克尋求代替輸油管乃是俄羅斯本身行動所促成；俄羅斯要求限制哈薩克石油只能運到諾瓦洛斯伊斯克，還要求限制圖門(Tyumen)石油只能運到巴夫洛達煉油廠(Pavlodar Refinery)，土庫曼推動建造通往伊朗的瓦斯管線，部分原因出在獨立國協國家只付世界價格的六〇%，甚至還有根本不付錢的。②

懼怕俄羅斯的效應，使中亞各國加強區域合作

土庫曼基於相同理由，除了積極興建一條北通哈薩克、烏茲別克，南連伊朗和阿富汗

的新鐵路之外，還積極研究興建一條新的輸油管，取道阿富汗和巴基斯坦，以達阿拉伯海。哈薩克、中國及日本也在進行非常初步的談判，要建造一條輸油管，由中亞直抵中國海岸（參見第一九三頁地圖）。西方國家承諾在亞塞拜然長期投資石油、天然氣開發計劃接近一百三十億美元，在哈薩克則超過二百億美元（一九九六年數字），本地區的政治孤立面對全球經濟壓力及俄羅斯有限的財務選擇方案，明顯已在瓦解中。

懼怕俄羅斯還有一個效應，把中亞國家驅向加強區域合作。成立於一九九三年元月，但早早就蟄伏冬眠的中亞經濟同盟，已逐漸活動起來。即使哈薩克總統納札巴耶夫原先明白主張建立新的「歐亞同盟」，也逐漸轉為接受中亞加深合作的主意，本地區各國增加軍事合作，支持亞塞拜然把裏海、哈薩克石油經由土耳其出口的作為，並且加入反對俄羅斯及伊朗阻止裏海沿岸國家劃分裏海大陸礁及天然資源的作法。

鑒於本地區政府傾向於高度威權的事實，或許更重要的是主要領袖之間是否親善融洽的問題。哈薩克、烏茲別克和土庫曼三國總統彼此看不順眼，眾所皆知（他們當著外籍訪客面前也不避諱這種感覺），克里姆林宮早先利用這股情緒在他們之間玩挑撥離間把戲。到了一九九〇年代中期，他們三個人理解到若能密切合作，攸關保存其新興獨立主權，他們遂開始公然處處表現彼此捐棄成見、修好，並且強調今後將協調他們的外交政策。

但是更加重要的是，在獨立國協之內出現由烏克蘭及烏茲別克領導的一個非正式同

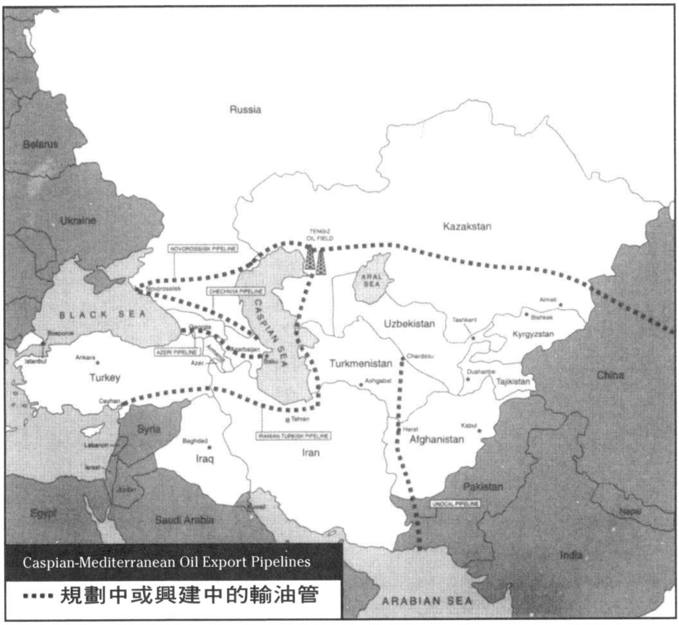

裏海一地中海石油輸出管線

盟，鼓吹國協成員「合作」，而非「統合」。朝向這個目標，烏克蘭已與烏茲別克、土庫曼和喬治亞簽署軍事合作協定；一九九六年，烏克蘭和烏茲別克兩國外交部長甚至做了一項高度具象徵意義的動作，發表聲明要求此後獨立國協各國領袖高峯會議不宜由俄羅斯總統擔任主席，應由各國總統輪流擔任。

烏克蘭和烏茲別克定下的例子對那些比較順從莫斯科意旨的領袖們，也發生衝擊。克里姆林宮必然特別困擾，聽到哈薩克總統納札巴耶夫和喬治亞總統謝瓦納澤(Eduard Shevardnadze)於一九九六年九月宣布，「如果獨立受到威脅」，它們將退出獨立國協，中亞國家及亞塞拜然為了制衡獨立國協，升高他們在經濟合作組織(Organization of Economic Cooperation)的活動層級；這個由本地區伊斯蘭國家組成、仍相當鬆散的組織，也包含土耳其、伊朗及巴基斯坦在內，它以強化會員國的財務、經濟及交通關係為宗旨。莫斯科已公開批評這些動作，相當中肯地認為它們會稀釋掉相關國家對獨立國協的向心力。

土耳其的回報

同理，中亞國家亦穩定加強與土耳其的關係，與伊朗雖程度較低，但關係亦加溫中。土耳其語系國家熱情接受土耳其代訓軍官團的提議，送出約一萬名學員到土耳其軍校上課。土耳其語系國家一九九六年十月在塔什干召開的第四屆高峰會議，由土耳其資助而召開。會議焦點是加強交通連結、增進貿易往來，也討論到與土耳其建立共同教育標準及強化文化合作關係。土耳其與伊朗都已特別積極協助這些國家的電視節目，因而能直接影響更大的觀眾。

一九九六年十二月在哈薩克首都阿馬阿塔舉行的一項慶典儀式，特別能象徵土耳其對本地區國家獨立的認同。哈薩克慶祝獨立五週年的大典，土耳其總統狄米瑞(Suleyman Demirel)與納札巴耶夫總統一起主持一個高二十八公尺英雄紀念碑的揭幕典禮。典禮中，哈薩克讚譽土耳其「在哈薩克獨立以來發展的每一階段都與我們並肩站在一起」；土耳其的回報是在土耳其民間投資哈薩克已有約十二億美元之外，再給予哈薩克三億美元的信用融資。

土耳其與伊朗雖然仍無力量排除俄羅斯在本地區的影響力，土耳其及伊朗（比較範圍小）已強化新興國家反抗與其北鄰、舊宗主重新統合的意志及能力；這必然有助於本地區地緣政治前途更加開放。

美國地緣戰略的意義相當清楚：美國遠隔關山，不能在這個歐亞大陸地區主導稱雄，但是美國又是個強國，無法不參與其中。本地區所有國家視美國介入是其生存所必須。俄羅斯雖弱，無力重建對本地區的帝國主導，也無力阻止別國進入本地區，但是它仍近在咫尺且夠強到不致出局。土耳其及伊朗已夠強大到發揮影響力，但是他們本身力量薄弱，可能使本地區無法因應來自北方的挑戰及區域內部的衝突。中國太強大，令俄羅斯及中亞國家不能不心存忌憚，可是它的經濟活力有助於中亞國家追求與外界更廣泛的接觸。

職是之故，美國的主要利益是協助確保沒有單獨一國來掌控這一地緣政治空間，以及全球社區都能與本地區有通行無阻的財務金融、經濟貿易往來。唯有建構一個輸油管及交通路線網路，把本地區直接經由地中海、阿拉伯海，以及空中運輸，與全球經濟活動結合起來，地緣政治的多元主義才會成為持久的事實。因此，俄羅斯企圖壟斷本地區之通路，應以其不利本地區之安定而加以反對。

基輔角色強化「烏克蘭是關鍵國家」的論證

然而，把俄羅斯排擠出此一地區，或是煽動本地區新興國家與俄羅斯為敵，都不可行、也不應該。事實上，俄羅斯若能在經濟上積極參與本地區開發，也攸關本地區的安定——有俄羅斯做夥伴而非壟斷獨霸者，也可以有重大經濟效益。本地區之內更安定、更富裕，將直接有助俄羅斯的福祉，也讓獨立國協所楬櫫的「共榮」有了真實內涵。但是，唯有拋棄掉令人痛苦的想起當年巴爾幹苦境的野心政策，合作精神才會被納入俄羅斯政策。

值得美國給予最堅強地緣政治支持的國家是亞塞拜然、烏茲別克及（本地區之外的）烏克蘭，三國都居於地緣政治樞紐地位。的確，基輔的角色強化「烏克蘭是關鍵國家」的論證，尤其是攸關俄羅斯的未來演變。同時，哈薩克的版圖遼濶、經濟潛力及地理位置重要，也值得國際間審慎支持，尤其是給予充分的經濟援助。哈薩克未來的經濟成長或許有助於弭平種族分裂，消除掉這個中亞「盾牌」難以抵拒俄羅斯壓力的病灶。

美國在中亞區域不僅與穩定、親西方的土耳其有共同利益，與伊朗、中國也有共同利益。美、伊關係逐步改善，將大為增進全球進出本地區的機會，更能減低對亞塞拜然生存當前的立即威脅。中國在本地區參與經濟益深，本地區政治獨立亦攸關其前途，因此與美國利益也有一致之處。中國支持巴基斯坦援助阿富汗，也是個正面因素，因為巴、阿關係親善將使得國際更易接近土庫曼，進而有助於強化土庫曼及烏茲別克（一旦哈薩克動搖，就十分有用）。

土耳其的演變及走向可能對高加索國家前途最具決定性影響。如果土耳其維持其傾向歐洲之路——如果歐洲不把土耳其拒於門外——高加索國家就可能傾向歐洲集團（這是他們熱切期盼的結果）。如果土耳其的歐洲化政策由於內在因素或外在因素影響而宣告終止，則喬治亞和亞美尼亞將別無選擇，只有重投俄羅斯懷抱。它們的未來將視俄羅斯自己與擴張中的歐洲之關係進展而變，福禍難卜。

伊朗的角色可能更加問題重重。伊朗如果恢復親西方政策，當然會有助本地區的安定及鞏固，因此美國在戰略上十分歡迎伊朗轉向。但是在伊朗轉向親西方之前，它仍將扮演負面角色，不利於亞塞拜然；即使它已採取正面措施，如協助土庫曼與世界接觸，不顧伊朗目前的基本教義，強化中亞對其宗教傳統的意識。

最後，中亞的命運很可能受到一套非常複雜的條件之影響，各國命運將受到俄羅斯、土耳其、伊朗和中國利益錯綜複雜互動所決定，也要受到美國針對俄羅斯是否尊重這些新興國家獨立，而調整其對俄關係的影響。這種互動關係的現實，排除了任何一國的帝國或壟斷政策之可能性。因此，基本選擇乃是微妙的區域均衡，或種族衝突、政治分裂；甚至在俄羅斯南疆沿線公開戰爭。前者將使得本地區逐漸加入新興世界經濟體系，而且地區內各國亦可先自行鞏固根基，甚至取得更深刻的伊斯蘭意識。獲取及固化此一區域均衡，必然是美國對歐亞大陸全盤地緣戰略的主要目標。

註釋：

① 見一九九六年六月號《*Zavtra*》雜誌。

② 見一九九五年一月二十四日《*Nezavisimaya Gazeta*》日報所刊載〈俄羅斯在泛高加索及中亞地區究竟要什麼〉一文。

遠東之錨
The Far Eastern Anchor

美國的歐亞大陸政策要有效，就必須有遠東之錨。如果美國主動或被動脫離亞洲大陸，就不會滿足此一需求。美國的全球政策一定要與海權的日本維持密切關係，美國的歐亞地緣戰略更需要與陸權的中國保持合作關係。美國必須面對這個現實的牽纏，因為美國、中國和日本三大強國在遠東的互動關係，製造出一個潛伏危險的區域大汽鍋，幾乎必定會產生地緣政治上的結構性大變化。

對中國而言，遠隔太平洋的美國應該天生是盟友，因為美國對亞洲大陸並無不軌企圖，歷史上亦反對日本及俄羅斯蠶食侵吞積弱不振的中國。就中國人來說，日本是過去一個世紀的大敵；俄羅斯長期以來不能信賴；印度，現在已隱然有成為敵人之勢。因此中國的「遠交近攻」原則吻合中國與美國之間的地緣政治及歷史關係。

然而，美國不再是日本隔著太平洋的敵國，現在反而與日本親睦結盟。美國也與台灣及若干東南亞國家有堅強的關係。美國對當前中國政權內在個性在意識型態上亦有所保留，頗令中國人敏感。因此，美國不僅被認為是中國追求全球霸業的主要障礙，也是中國區域稱雄的主要障礙。因此，美、中之間是否無可避免會爆發衝突呢？

就日本而言，美國是一把大傘，日本在它庇蔭下安全地由戰敗廢墟復原，重獲經濟動能，並且以此為基礎，逐步躋身世界大國之林。但是這把大傘也對日本行動自由設限，製造出一種矛盾現象：世界級的大國竟然同時是保護國！就日本而言，美國繼續是日本崛起為國際領袖時的重要夥伴。但是美國也是日本在安全領域繼續不能自立自主的主要原因。這種情勢還能容忍多久？

換言之，在可預見的將來有兩個非常關鍵、也直接互動的地緣政治議題，將界定美國在歐亞大陸之遠東地區的角色。

第一，由美國的觀點看，中國崛起為區域霸主，以及有心臻至全球大國地位，美國能接受的範圍是什麼？

第二，日本追求替本身界定全球角色之際，無可避免地默認它是美國保護國的程度會降低，美國應如何應付區域性的後果？

一旦強震帶來破壞性連鎖反應，它就應聲而倒

東亞今天的地緣政治現象乃是外表僵硬，實質卻略有一絲彈性的狀況。一旦強震帶來破壞性連鎖反應，它就應聲而倒。今天的遠東經濟極為蓬勃發達，政治不穩定卻也在上升。亞洲經濟成長可能反而對此一不穩定有助長之效，因為繁榮反而遮掩住本區域的政治脆弱，甚而強化國家野心，並且擴大社會預期心理。

亞洲：世界經濟中心、也是潛伏的政治火山

亞洲經濟成就輝煌，固不待言。幾個基本統計數字就彰顯出此一事實。不到四十年前，東亞（包含日本在內）佔世界國民生產毛額總和僅有四%左右，北美以三五%至四〇%遙遙領先；到了一九九〇年代中期，這兩個區域已大致相埒（各佔二五%上下）。亞洲的成長步調也是史無前例。經濟學家指出，工業化起飛階段，英國花了五十多年，美國花了幾近五十年，才把國民每人平均產值加倍；至於中國和南韓卻以十年左右時間得到同樣成績。除非發生大規模的區域亂局，二十五年之內，亞洲極可能在整體國民生產毛額上趕過北美及歐洲。

然而，除了成為世界經濟重心之外，亞洲也是潛伏的政治火山。雖然經濟發展已超過歐洲，亞洲的區域政治發展卻出奇地不夠。歐洲的多邊合作架構強大，可以消化、稀釋及圍堵住歐洲傳統的領土、種族及國家衝突，亞洲卻付之闕如。在亞洲，沒有可與歐洲聯盟或北大西洋公約組織相比擬的機構。東南亞國家協會、亞洲區域論壇（東協各國政治、安全對話的論壇）以及亞太經濟合作會議，這三個區域組織都遠遠不及歐洲多邊、區域合作的網路。

亞洲是全世界新興覺醒的民族主義最集中之所在

反之，亞洲今天是全世界新興覺醒的民族主義最集中之所在。大眾傳播助長民族主義，經濟成長帶動社會期待心理加強，社會財富懸殊也產生不滿源頭，因此極易受到人口爆炸性大增及都會化所帶來的政治動員之影響。由於亞洲各國競相建軍，這種局勢更形不祥。根據國際戰略研究所的報告，這個區域在一九九五年成為全世界最大的武器進口地區，超過歐洲及中東。

總而言之，東亞現在一片生氣蓬勃，目前因經濟快速成長而導向和平的方向。但是，一旦政治激情被某個起火點點燃，一發不可收拾就會衝破安全閥。下述許多有爭議的議題都頗具爆炸性，經不起煽動，很可能就是起火點：

- 中國不滿意台灣不受其統治的地位，中國現在勢力漸強，台灣也因繁榮而漸生正式獨立建國的心思；
- 南中國海的南沙群島與西沙群島是中國及若干東南亞國家可能爆發衝突的地方，大家都覬覦南海海底能源蘊藏富源，而中國卻視南海是其合法的、老祖宗傳下的財產；

·釣魚台是日本及中國都宣稱擁有主權的小島（台灣與中國雖然敵對，在這個議題上立場卻強烈一致），日本及中國長久以來爭逐區域霸權，使這個議題充滿象徵性意義；

·朝鮮半島南北分治、北韓天生不穩定，加上北韓亟欲發展核武力，使得危機頻傳，深怕突然爆發衝突就把整個半島捲入戰火，並進而把美國扯進去，間接也涉及到日本；

·千島群島最南端四個島嶼，在一九四五年由蘇聯佔領，迄今這個議題依然令日、俄關係癱瘓；

·其他潛伏的領土、種族衝突包括中俄、中越、日韓和中印（度）邊界問題；新疆省種族騷亂問題，以及中國及印尼為了海界的糾紛。（參見第二〇七頁地圖）

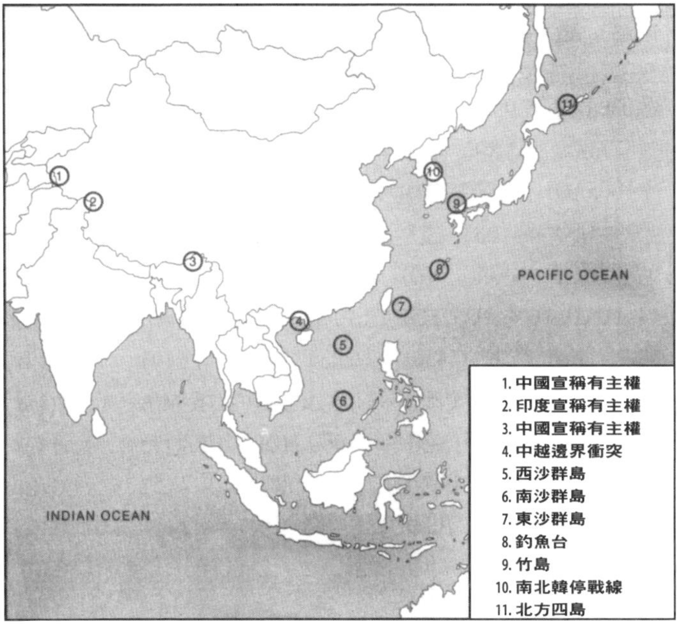
PACIFIC OCEAN
INDIAN OCEAN
1. 中國宣稱有主權
2. 印度宣稱有主權
3. 中國宣稱有主權
4. 中越邊界衝突
5. 西沙群島
6. 南沙群島
7. 東沙群島
8. 釣魚台
9. 竹島
10. 南北韓停戰線
11. 北方四島

東亞國界及領土爭議區

亞洲各國兵力

	兵　員	坦　克	戰鬥機	水面艦隻	潛水艦艇
	總　數	總　數	總　數	總　數	總　數
	（括號內為先進系統）				
中　國	3,030,000	9,400 (500)	5,224(124)	57(40)	53 (7)
巴基斯坦	577,000	1,890 (40)	336(160)	11 (8)	6 (6)
印　度	1,100,000	3,500(2,700)	700(374)	21(14)	18(12)
泰　國	295,000	633 (313)	74 (18)	14 (6)	0 (0)
新加坡	55,500	350 (0)	143 (6)	0 (0)	0 (0)
北　韓	1,127,000	4,200(2,225)	730(136)	3 (0)	23 (0)
南　韓	633,000	1,860 (450)	334 (48)	17 (9)	3 (3)
日　本	237,700	1,200 (929)	324(231)	62(40)	17(17)
台　灣*	442,000	1,400 (0)	460 (10)	38(11)	4 (2)
越　南	857,000	1,900 (400)	240 (0)	7 (5)	0 (0)
馬來西亞**	114,500	26 (26)	50 (0)	2 (0)	0 (0)
菲律賓	106,500	41 (0)	7 (0)	1 (0)	0 (0)
印　尼	270,900	235 (110)	54 (12)	17 (4)	2 (2)

*台灣已訂購 150 架 F-16, 60 架幻象及 130 架其他戰鬥噴射機，另有數艘海軍軍艦在興建中。

**馬來西亞正在洽購 8 架 F-18, 也可能洽購 18 架米格 29 。

註：兵員指所有的常備兵力；坦克指主力作戰坦克及輕型坦克；戰鬥機指空對空及地面攻擊機；水面艦隻指航空母艦、巡洋艦、驅逐艦和護衛艦；潛水艦艇泛指潛水作戰各型艦隻，先進系統指至少是 1960 年代中期後以先進技術設備者，如坦克即配備雷射定位測距儀。

資料來源： 1995 年 6 月美國主計處報告《中國軍事現代化在太平洋地區的影響》。

中國要在十五年內有效控制第一道島嶼鏈內的海域：台灣海峽與南中國海

東亞地區權力的分布也不平均。中國擁有核武力、軍隊數目龐大，毫無疑問是主宰的軍事大國。（參見第二〇八頁附表）中國海軍已採納「境外積極防禦」（offshore active defense）的戰略理論，要在今後十五年取得海戰能力，以「有效控制第一道島嶼鏈之內的海域」，意指台灣海峽及南中國海。日本的軍力也在加強，就品質而言，本區域無人可與匹敵。然而目前日本武裝部隊還不是日本外交政策的工具，被大多數人看做是美國在東亞駐軍的延伸。

中國崛起已使其東南鄰國越來越順從它。值得注意的是一九九六年初台灣海峽迷你危機時，中國從事若干威脅性的軍事演習，封鎖台灣附近地區海空交通，促成美國海軍出動航空母艦展示武力；泰國外交部長倉皇宣布中國禁止海空接近台海是正常行動，印尼外交部長說這純粹是中國內政問題，菲律賓及馬來西亞則宣布對此議題保持中立。

東亞區域缺乏均勢，近年來已使原本互有戒心的澳洲及印尼開始增進軍事協調。兩國不隱諱地，對中國將在區域軍事獨霸，以及美國做為本區域安全保障者的承諾有多堅定，表示焦慮。新加坡也基於同樣顧慮，探測與這些國家提升安全合作。事實上，整個東亞區域戰略家最關切、卻尚無解答的一個問題是：「世界人口最眾多，卻又加強軍備競賽的這個區域，其和平能被十萬名美軍擔保多久？而且他們究竟還會留駐多久？」

在這種民族主義激化、人口攀升、繁榮上升、期望增高，而強國欲望重疊的動盪背景下，東亞地緣政治場景產生真正的構造性變化：

- 中國已在興起，極可能稱霸一方。
- 美國的安全角色變得越來越依賴與日本合作。
- 日本正在摸索更明確、自主的政治角色。
- 俄羅斯的角色已大大消退，從前由俄羅斯統治的中亞，已成為國際爭逐的標的。
- 朝鮮半島的分立越來越難保持，使得韓國未來走向大受主要鄰國地緣戰略關注。

上述構造性變化使得本章開始提出的兩個中心議題，更加突出。

中國的歷史偉大、璀燦。中國人民目前密集的民族主義思想，只是新在普遍瀰漫於全社會之中，以及它激惹起史無前例廣大中國人的自我認同及感情。它不再只是青年學生的熱情澎湃（青年學生在本世紀初，因民族主義激情分別成為國民黨及共產黨的先驅）。中國民族主義現在已是廣泛的現象，界定了全世界人口最多國家的全民心態。

中國在其悠久歷史裡絕大多數時間是單一國家

這種心態有深刻的歷史根源。歷史使中國菁英傾向於認為中國是世界中心。事實上，「中國」已表達出中國在世界事務的中心地位，也重申國家團結的重要性。這個觀點也暗示由中心向外圍逐層逐級發散影響力，因此中國做為天朝中心，期待別的國家遵從它。

甚且，中國自遠古以來就自有一個獨特、驕傲的文明。中國文明在哲學、文化、藝術、社會技巧、技術創新及政治等所有範圍，都十分先進。中國人記得，直到西元一六〇〇年左右，中國在農業生產力、工業創新及生活水準上還是世界第一。但是，歐洲與伊斯蘭文明孕育出約七十五個國家，中國在其悠久歷史裡絕大多數時間是單一國家。美國宣布獨立時，中國統治的人口已逾二億人，也是全世界領先的製造大國。

由這個觀點出發，中國在過去一百五十年的屈辱是異常現象，褻瀆了中國的特質，也是對每一個中國人的奇恥大辱。恥辱必須洗刷，罪魁禍首應該受到懲罰。罪魁禍首程度雖有輕重，主要是英國、日本、俄羅斯及美國等四國。英國因發動鴉片戰爭，使中國長久陷於恥辱地位；日本自從十九世紀就對中國發動掠奪戰爭，造成中國人浩劫，迄今猶不認錯悔悟；俄羅斯則長期侵佔中國北方領土，而且史達林作威作福，傷盡中國人自尊；美國則因在亞洲駐軍及支持日本，阻礙了中國對外擴張。

中國人認為，這四個列強已有兩個得到歷史報應。英國不再是帝國，英國旗在香港降下已正式關閉上此一痛苦的篇章。俄羅斯雖然還近在咫尺，其地位、聲望及領土都已大大流失。只有美國及日本仍是中國最頭痛的對手，中國在與它們的互動中，將具體界定區域角色及全球角色。

中國之崛起將不只成為遠東主導國家，也將是第一流的世界大國？

然而，中國角色的界定首先要看中國本身如何演變、它的經濟與軍事力量如何演變而定。就這一方面而言，一般認定中國前途大好、雖然略有一些不確定因素。中國的經濟成長步調和在華外人投資規模，兩者都居世界頂尖，提供統計基礎做傳統的預測，認為二十年左右時間，中國將成為全球大國，實力與美國及歐洲並駕齊驅（假定歐洲將統合並進一步擴張）。中國屆時國內生產毛額相當大幅領先日本，而它現在已經大幅領先俄羅斯了。經濟動能將使中國得以取得軍事力量，足可恫嚇其全體鄰國，或者甚至地理位置遙遠的中國對手也不能不震懾。收回香港、澳門主權而聲勢大增，或許台灣亦終於政治臣服中國，大中國之崛起將不只成為遠東主導國家，也將是第一流的世界大國。

理由一：過分依賴統計數字

然而，鐵口直斷中國不可避免必將重登中央全球大國地位，有些缺陷，其中最明顯的就是它機械式地仰仗統計預測。不久以前，預言日本將取代美國成為世界最大經濟體，日本注定將成為新的超級大國的人士，就犯了過分依賴統計數字的錯誤。這個見解沒有考量到日本經濟的脆弱及政治不穩定的問題——那些聲稱中國勢必崛起為世界大國，而驚慌不已的人士，也犯了同樣的錯誤。

首先，中國爆炸性的成長率能否再維持二十年，就是非常不確定的事。經濟成長遲緩不能被排除，光是這一項就可以使傳統的預言失效。事實上，要保持長時期的高成長率需要不尋常地妥當結合下列因素，如有效率的國家領導人、政治穩定、內部社會紀律、高儲蓄率、外資持續高幅度流入以及區域穩定。這些正面因素要能長久結合在一起，是滿有疑問的。

甚且，中國快步調的成長可能產生政治副作用，限制了其行動自由。中國能源消耗量增加之速度，已遠超過國內生產量能肆應的地步。這種供不應求在中國成長率居高不下的情況下，不會緩和下來。糧食也是一樣。即使中國人口成長已遲緩下來，中國人口增加的絕對值依然大得驚人，進口食物越來越攸關國內福祉及政治穩定。由於成本高，仰仗進口不僅將對中國經濟資源增加壓力，也會使中國更難抵擋外來壓力。

軍事方面，中國或許可以勉強夠格做為全球大國；由於其經濟規模巨大、又有高成長率，中國統治者可以調用相當大比例的國內生產毛額支持中國武裝部隊的擴充及現代化，包括進一步強化其戰略核武力。然而，如果做得太過火（據某些西方國家估算，一九九〇年代中期中國軍事支出已佔國內生產毛額約二〇％），中國長期經濟成長將蒙受蘇聯當年企圖與美國進行軍備競賽，不僅未能得勝反而經濟受傷的相同負面效應。甚且，中國在東亞地區整軍經武，可能導致日本對抗性的加強軍備，因而抵銷了中國軍力提升的政治效益。我們也不能忽視，事實上除了核武力，中國在相當一段時間內，仍缺乏方式可把軍事力量投射到其區域界線之外。

由於不加節制開發，經濟高速成長，終將帶來財富不均，中國內部也會發生強大的緊張。沿海的華東、華南省份及主要都會中心由於外資進入及海外貿易興旺，是中國經濟大幅成長的主要受惠者。相形之下，內陸農村地區及偏遠邊區則落後、貧窮（約有一億農村人口失業）。

對於地區發展差異的不滿，可能與對社會不平等的怨恨，交互作用，中國快速成長也擴大了財富分配的社會鴻溝。到了某個階段，或者是政府出面限制這種差異，或者是由低層爆發民怨，這種區域發展差異及社會財富鴻溝的狀況將會衝擊到國家的政治穩定。

理由二：自我孤立意謂全球大國夢之終結

我們審慎懷疑中國在今後二十五年內一定會崛起成為全球事務的主導大國，還有第二個理由，就是中國政治的未來。中國經濟改造的動態特性，以及社會對外在世界的開放，長期而言都未必與相對封閉及官僚體制僵硬的共產主義獨裁政體，相互共容。獨裁政府所揭櫫的共產主義旗幟，越來越不是意識型態的堅信，而是官僚的口號。中國政治菁英依然維持著自足、僵硬、獨斷、不寬容的階層組織，也依然儀式性地聲稱忠實信奉共產主義教條，但是這些說法無非是替自己掌權做護符，實際上已不去實踐。到了某一地步，這種生活的兩面性將會正面衝突，除非中國政治開始逐步調適社會及經濟的共容。

因此，民主化的議題不能永久迴避，除非中國突然做出一四七四年曾下達的同樣決定：鎖國，與世界孤立，類似當前的北韓之狀況。中國若要這麼做，就必須召回目前在美國留學的七萬多名學生、趕走外國生意人、關上電腦，把人造衛星接受盤由數百萬中國人家裡拆掉。這將是形同文化大革命的瘋狂行徑。或許在內部權力鬥爭過程中，執政的中國共產黨勢力衰微，一支死硬的教條信徒會企圖效法北韓，但是充其量這只會是短暫現象。它極可能造成經濟遲滯，然後促成政治爆炸。

自我孤立將意謂著中國的全球大國夢，或區域盟主夢的終結。甚且，中國與外在世界有太多瓜葛牽連，而且現在的世界也與一四七四年不一樣，它會闖上門來，無法有效閉諸門外。因此，中國除了繼續對世界開放之外，別無其他替代辦法還能維持經濟上有生產力、政治上任所欲為。

民主化將纏繞著中國。民主化，以及與其息息相關的人權議題，都不能再長久迴避。中國的未來進展，以及其躋身大國地位，將在相當大程度上看執政的菁英如何技巧處理下列兩個相關問題而定：政權如何從這一代傳承到年輕梯隊？如何應付經濟與政治制度之間上升的緊張關係？

中國領導人或許能夠成功推動一項緩慢、演進的過渡，建立非常有限的選舉威權政體(a very limited electoral authoritarianism)，也就是容許低階層職位經由選舉產生，然後再走向比較真正的政治多元主義（包括更重視剛誕生的憲政治理）。這種有控管的過渡將更符合經濟動態帶來的社會壓力，而不是只一味堅持共產主義排斥他黨、壟斷政治權力。

要完成這樣有控管的民主化，必須要以極技巧、務實的常識領導中國政治菁英，他們也必須相當團結、願意讓出若干壟斷權力及私人特權——老百姓也必須有耐心，不能需索要求太甚。局勢、條件要如此恰當結合，可能很難。經驗告訴我們，來自底層的民主化壓力，姑不論是發自自認政治受壓迫者（知識份子及青年學生），或自認經濟受壓榨者（新都會勞工階級及農村貧戶），一般都超過統治者願意退讓的地步。到了某一階段，中國這些政治、社會不滿意份子可能會聯合起來要求更民主、言論思想自由及尊重人權。一九八九年天安門廣場沒發生這種事，但是下次可能就會發生。

中國不太可能避免掉一段政治不安定時期。鑒於其領土遼濶、區域差異擴大，而且五十年的教條死硬獨裁政體留下不少東西，這個階段在政治、經濟方面都會發生騷亂。中國領導人本身也預期會動亂，一九九〇年代共產黨內部研究已預見潛伏著嚴重的政治不安定種籽。①若干中國專家預言，中國可能淪入其內部分裂的歷史週期。但是這個可能性，由於民眾普遍的民族主義以及現代大眾傳播兩者皆有利於中國統一，已經稀釋減低。

理由三：中國將依然十分貧窮

懷疑中國在今後二十多年內將崛起為真正的全球大國（若干美國人認為今天的中國已經夠可怕），還有第三個理由。即使中國避免嚴重的政治騷亂、即使中國能維持二十五年的奇高經濟成長率（這兩者都是很大的假設），中國將依然十分貧窮。縱使中國國內生產毛額增為三倍，就國民平均所得而言，中國人民還是在世界各國排名甚後，更不用說其人民列為貧窮的人數有多麼龐大。②中國的人平均電話、汽車、電腦及消費產品的數值，仍將十分低落。

總之，即使到了二〇二〇年，一切情勢都大好，中國也不太可能成為真正的全球大國。不過，縱使如此，中國還是逐步走向東亞區域霸主的路上。它在亞洲大陸已居地緣政治主宰地位；它的軍事及經濟實力令周邊近鄰自慚形穢（印度例外）。因此，中國自然會在東亞區域逐漸冒出頭，符合其歷史、地理及經濟賦予與之使命。

研究中國歷史的學者曉得，直到一八四〇年中國帝國勢力涵蓋整個東南亞，直抵麻六甲海峽，包括緬甸、部分今天的孟加拉和尼泊爾，部分今天的哈薩克、全部蒙古，以及黑龍江入海以北、今天稱為俄羅斯遠東省的區域。（參見第一章第十五頁地圖）這些地區不是在中國統轄下，就是向中國朝貢。英、法殖民擴張在一八八五至九五年間，把中國勢力趕出東南亞；一八五八、一八六四年俄羅斯分別以兩個條約取得中國東北及西北的領土。一八九五年，中日甲午戰爭，中國又失去台灣。

中國將以統治台灣為二十一世紀頭十年的主要目標

由歷史及地理因素來看，中國幾乎必定會堅持統一台灣。我們也可以合理地假定，當中國勢力上升，繼經濟、政治消化吸納香港之後，將以統一台灣為二十一世紀頭十年的主要目標。或許以「一國多制」方式（由一九八四年鄧小平倡導的「一國兩制」變化出來）的和平統一，可以令台灣接受，也不會被美國抵拒，但是要以中國能成功維持其經濟成長並採納重大的民主改革為前提。否則，即使是在區域稱霸的中國恐怕還是缺乏軍事力量貫徹其意志，尤其是面臨美國反對下，更不能順心遂意；但是美國果真干涉的話，必然會繼續刺激中國的民族主義，並且使美中關係變壞。

印度是中國的地緣戰略目標

地理也是個重要因素，驅使中國有意與巴基斯坦結盟，及在緬甸駐軍。這兩種情況下，印度都是中國的地緣戰略目標。中國與巴基斯坦密切軍事合作，可增加印度的安全困難，也限制印度在南亞建立區域霸權、成為中國地緣政治敵手的能力。與緬甸軍事合作，中國可以取得印度洋中緬甸若干外島的海軍基地，因而可在東南亞、尤其是麻六甲海峽取得戰略籌碼。如果中國能掌握麻六甲海峽，以及新加坡這個地緣戰略要衝，它就能控制住日本對中東石油及歐洲市場的通路。

地理因素與歷史因素交叉影響下，中國對朝鮮半島的興趣極大。韓國從前是中國的朝貢國，一旦韓國統一，又成為美國影響力（間接也是日本影響力）的延伸，中國絕對不能容許。中國在最低限度下會堅持統一後的韓國要成為中國及日本之間的不結盟緩衝國，並且會期待韓國人根深柢固的仇日意識會使韓國納入中國勢力範圍。然而，就目前而言，分裂的韓國最符合中國利益。因此中國可能支持北韓政權繼續存在。

經濟考量也一定會影響中國區域野心的伸展。就這一點來說，對新能源來源的要求增加快速，已使中國堅持開發南海海床油源時，一定要居於主導地位。基於同樣理由，中國也開始對能源豐富的中亞國家的獨立，展露出大有興趣。一九九六年四月，中國、俄羅斯、哈薩克、吉爾吉斯和塔吉克簽署一項共同邊境暨安全協定；同年七月，中國國家主席江澤民訪問哈薩克時，據報導中方保證會支持「哈薩克保持其獨立、主權及領土完整」。上述情形明顯透露中國日益涉入到中亞的地緣政治。

歷史與經濟也一起影響到在本區域日益強大的中國，對俄羅斯的遠東部分興趣大增。自從中、俄開始共有邊界線以來，中國第一次在經濟活力及政治實力上居於上風。中國移民及商人已大量進入俄羅斯地區，中國也更積極結合日本、韓國，推動東北亞經濟合作。在這個合作架構下，俄羅斯現在握的是弱牌，俄羅斯遠東在經濟上越來越依賴與中國東北的密切關係。中國與蒙古的關係上，也是經濟影響力大增；蒙古的正式獨立。當年中國勉強承認，但是今天蒙古已經不再是俄羅斯的附庸衛星國。

各國首都對任何議題都會先問：北京對這件事不曉得有什麼看法？

因此，中國的區域勢力範圍正在形成中。然而，勢力範圍不應與獨佔的政治主宰區（如蘇聯之於東歐）混為一談。它在社會經濟方面滲透深，在政治上卻不那麼獨佔。雖然這麼說，它還是有一個地理空間，其中各個國家在制訂政策時，會特別順從區域霸主的利益、觀點及預期反應。簡而言之，中國的勢力範圍（或許稱為順從範圍(sphere of deference)更為恰當）可以界定是：各國首都對任何議題都會先問：「北京對這件事不曉得有什麼看法？」

第二二二頁地圖是假設中國雖有上述種種內外障礙，在今後二十五年也終於成為區域強權及全球大國，它的可能勢力範圍。區域強權的大中國將動員散居在新加坡、曼谷、吉隆坡、馬尼拉和雅加達，更不用說台灣及香港等地極為富裕的海外華人之政治支持（見附

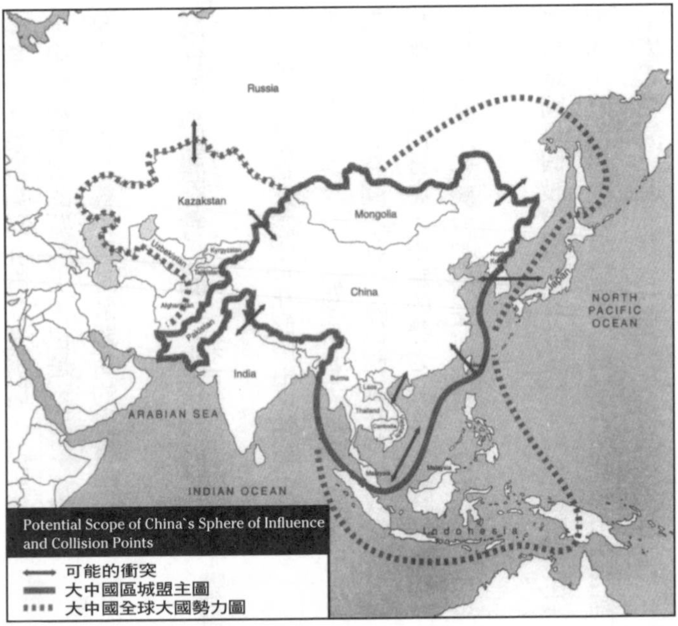

中國可能的勢力範圍及衝突點

註所述若干驚人數據資料）③，更將深入中亞及俄羅斯遠東，其範圍約略等於一百五十年前中華帝國開始衰落時的版圖，甚至透過與巴基斯坦結盟又擴張其地緣政治範圍。中國權力、聲威上升，富有的海外華人將日益認同中國的雄心，而成為中國帝國動力的強大先鋒。東南亞國家或許覺得明智之道是順從中國的政治敏感和經濟利益。④同時，中亞新興國家也越來越認為中國攸關其是否能獨立，也攸關他們扮演中、俄之間緩衝國的角色。

中國若是成為全球大國，其勢力將益發南進，印尼及菲律賓勢必要調適心態、接納中國海軍是南中國海主導力量的事實。這樣的中國可能相當會被刺激以武力解決台灣問題，不顧美國的態度。在西方，最有決心抵抗俄羅斯侵略其前帝國屬地的中亞國家烏茲別克，可能支持與中國結盟去制衡，土庫曼也可能加盟；中國在種族分裂、國勢較弱的哈薩克，或許也會更有影響力。真正躍居政治、經濟巨人地位的中國，或許也會公然要以政治影響力加諸俄羅斯遠東身上，並支持韓國在其保護下統一起來。（參見第二二二頁地圖）

但是，如此傲慢自大的中國將極可能遭到強大外力抗拒。這張地圖即明白指出，在西方的俄羅斯和印度有地緣政治理由要結盟壓制中國的進逼。他們之間的合作將以中亞及巴基斯坦為重點，因為這是中國最能威脅他們利益的地方。在南方，最強烈的反抗會來自越南和印尼（可能得到澳洲撐腰）。在東方，美國可能得到日本支持，反對中國在韓國取得優勢地位及以武力合併台灣，因為中國類似的行動將降低美國在遠東的政治影響力，只剩下未必安定的日本。

最後，這張地圖上描繪的兩種劇本，不論何者成真，不僅要看中國本身的發展，也要看美國的行為。美國袖手不管，會使第二種劇本較可能實現，但是即使只是第一種狀況，即中國崛起為區域霸主，也需要美國的寬容接納及自制。中國明白這一點，因此中國的政策必定以影響美國行動，尤其是極為重要的美日關係，做為主要焦點；同時，中國其他關係的戰術運用亦必須以此戰略思考為念。

利用美國力量，和平擊敗美國霸權

中國反美，與美國實際有何作為，關係不大，反倒是美國目前是什麼，以及他勢力在何地，關係較大。中國看到的美國是當前世界霸權，以日本為基地出現在東亞區域，圍堵住中國的勢力。照中國外交部所屬研究機構中國分析人員的話來說：「美國戰略目標是爭取在全世界稱霸，它不能容忍在歐洲及亞洲大陸出現一個大國，對其領導地位構成威脅。」⑤因此，美國就因當前地位，不自覺地成了中國的大敵，而不能成為天然盟友。

因此，中國政策，套句孫子兵法的說法，就是利用美國力量和平擊敗美國霸權，但又不對日本潛伏的區域雄心鬆懈戒心。就這個目標來說，中國的地緣戰略必須同時追求兩個目標，誠如鄧小平在一九九四年八月曾間接迂迴表示：「第一，反對霸權及大國政治，保衛世界和平；第二、建立新的國際政治及經濟秩序。」第一項顯然以美國為目標，旨在降低美國的優勢地位、審慎避免軍事衝突，以免傷害到中國的經濟發展；第二項是尋求修正全球權力分配，利用若干主要國家的不滿情緒，反對當前世界秩序，即美國高高在上、歐亞大陸極西方有歐洲（即德國）支持，極東方有日本支持。

中國的第二個目標促使北京即使繼續追求區域霸主地位，其區域地緣戰略仍是避免與近鄰發生嚴重衝突。中俄關係的戰術性改善特別來得巧，尤其現在俄羅斯比中國弱。因此，一九九七年四月，中俄兩國一起譴責「霸權主義」，宣稱「不能允許」北約組織擴大。然而，中國不可能認真考慮中蘇長期、全面締盟反美。這將會弄巧成拙，使得美日同盟範圍加深、加廣，也會使中國孤立，離開非常重要的現代技術及資本之來源。

如同中俄關係一般，即使中國繼續保持與巴基斯坦、緬甸密切軍事合作，避免與印度直接衝突仍符合中國利益。公然對敵的政策會對中國戰術性權宜優遇俄羅斯的作法產生負面效果，也會逼得印度與美國增強合作關係。就某個程度而言，印度也有深刻反西方的傾向，反對現今的全球「霸權」，中印降低緊張也符合中國更寬廣的地緣戰略焦點。

同樣的考量也適用在中國與東南亞的持續關係上。即使片面主張對南海擁有主權，中國同時亦交好東南亞領袖（宿敵越南例外），鼓舞近年來馬來西亞及新加坡領袖公然反西方的情緒（特別是在西方價值及人權議題上）。他們特別歡迎馬來西亞總理馬哈迪偶爾冒出的反美言論。馬哈迪一九九六年五月在東京一項會議上，公然質疑美日安保條約的需要性，要求說明美日同盟究竟是以誰為假想敵、並且斷言馬來西亞不需要與其他國家結盟。中國清楚地計算到，美國地位稍有降低，他們在本區域的影響力就會自動加強。

先把香港有效納入中國，將大大影響到大中國興起的前景

耐心施壓似乎是中國目前對台灣政策的主旨。雖然針對台灣的國際地位問題，採取毫不妥協的立場，甚至不惜故意製造國際緊張局勢以表達中國的嚴正態度（如一九九六年三月），一般認為中國領導人也明白目前他們仍缺乏實力逼出一個滿意的解決。他們明白過早訴諸武力只會招致與美國衝突而自取其辱敗戰，同時又強化美國做為區域和平保障者的角色。甚且，中國人本身也承認，如何先把香港有效納入中國，將大大影響到大中國興起的前景。

中國對南韓的寬容接納，也是其鞏固側翼、俾能有效注重中心目標政策不可缺的一部分。就韓國歷史及民眾情緒而言，中韓和諧將降低日本潛在的區域角色，並且替中國與韓國（不論是統一或仍然分裂）之間重建傳統關係奠定基礎。

最重要的是，和平強化中國的區域地位，將有利於追求中心目標。照中國兵法大師孫子的觀點，中國的中心目標應該是：把美國的區域實力稀釋到美國趨弱，必須求區域強國中國做盟友的地步，最後甚至要與在全球強有力的中國做夥伴。要達成這個目標，就必須不要招惹美日同盟的範圍發生防禦式擴張情形，或是由日本取代美國扮演區域強權的情形。

要達成此一目標，短程內，中國要阻止美日安全合作的鞏固及擴張。一九九六年初，美日安全合作的範圍由狹窄的「遠東」擴大到較寬廣的「亞太」，令中國大為警惕，認為它不僅是對中國利益的立即威脅，也是美國主導的以圍堵中國為主旨的亞洲安全體系的起點（在這個體系中，日本是重要的樞紐，有如德國在冷戰時期於北大西洋公約組織的角色）。⑥北京普遍認為美日此一協議將有助於日本最後崛起成為軍事大國，或許甚至有能力依仗武力自行解決尚未解決的經濟或航運糾紛。中國因此很可能大力煽動亞洲目前普遍害怕日本在東亞軍事角色的感情，藉以節制美國及恫嚇日本。

然而，就長期而言，根據中國的戰略評估，美國霸權不會長期撐得住。雖然若干中國人，尤其是軍方人士，視美國為中國的難解冤家對頭，北京普遍的期待是：美國由於過度仰仗日本，將在本區域益發孤立；美國對日本的仰仗越深，美、日矛盾及美國擔心日本軍國主義的心理也會上升。中國就有機會在美日之間挑撥，一如早年中國在美蘇之間玩弄一樣。北京認為，時間一定會到來，屆時美國將理解到要維持在亞太地區的勢力，沒有選擇，非得與它在亞洲大陸的天然夥伴合作不可。

美日關係如何演變，攸關中國的地緣政治未來前途。自從一九四九年中國內戰結束以來，美國的遠東政策即以日本為基礎。日本起初只是美國佔領軍的駐地，逐漸成為美國在亞太地區政治、軍事力量的基礎，也是美國重要的全球盟國，可是仍是安全上的保護國。然而，中國崛起卻構成一個問題：在變動中的區域脈絡中，美日關係是否能持續下去？究竟會走向什麼方向？日本仍是反華同盟的一員，這一點很清楚；但是如果中國的崛起必須在某種程度內被接納，甚至美國在本區域優勢地位略降亦得容忍，則日本的角色應該如何？

日本就像中國，是一個深具獨特性格及特殊地位意識的民族國家。它獨處一隅的島國歷史，加上皇室神話，使得勤勉、有紀律的日本人民自認上天賦予高人一等的生活；當十九世紀列強叩關而至，日本開始效法歐洲帝國也尋求在亞洲大陸建立帝國。第二次世界大戰慘敗，使得日本人民全力投入經濟復原工作，但也使得他們對國家更寬廣的使命有不確定的感覺。

懼日症現在換成懼中症

目前美國擔心中國崛起稱霸，就頗像當年美國恐日一樣。懼日症現在換成懼中症！就在十年前，美國評論家及政客流行一個觀點，預言日本無可避免，即將成為世界「超級國家」——不僅將取代美國的王位（甚至是用錢買下美國），還要提出某種日本式世界秩序。不僅美國人有此說法，日本人也跟進，在日本出現一系列暢銷書，提出一套理論說日本在與美國的高科技競賽裡一定會勝利，日本即將成為全球「資訊帝國」，美國則因為歷史的衰竭與社會的自我縱情逸樂，將會式微。

這些分析忽略了日本仍是弱國的若干事實。它經不起全球資源及貿易略有騷動的打擊，更經不起全球穩定發生變化，而且其內部弱點如人口、社會及政治等方面亦紛紛浮現。日本是富裕、有活力的經濟大國，但是同時是區域孤立的國家，政治上受限於安全必須依賴美國；而美國卻不僅是全球穩定的主要維護者（日本亟需全球維持穩定），還是日本的主要經濟對手。

日本目前的地位，一方面是全球尊敬的經濟大國，一方面又是美國勢力的地緣政治延伸。新世代的日本人已經不再記得第二次世界大戰的創痛，也不再為它感到羞愧，不可能繼續接受這種地位。基於歷史及自尊的理由，日本不完全滿意國家目前的世界地位，只不過沒有中國那樣囂張罷了。它的看法也有幾分道理，它認為它應該被正式承認為世界大國，但是也明白在東亞區域有效用（就亞洲鄰國而言，則是擔保）的安全依賴美國，卻阻止了此一承認。

甚且，中國在亞洲大陸力量日盛，其勢力可能即將擴散到攸關日本經濟利益的海上地區，使得日本人對國家地緣政治的未來前途增添了模糊不清的感覺。一方面日本國內對中國有一種強烈的文化、感情認同，也有一種共同的亞洲意識。若干日本人可能也覺得，由於中國強大起來，美國區域優勢地位降低，反倒有利於日本，使美國更須倚重日本。另一方面，許多日本人認為中國是傳統敵人、對區域穩定的潛在威脅。這使得與美國的安全關係比起往常益發重要，即使這會增加若干更具民族意識的日本人不滿日本政治、軍事獨立受到太多牽制，也無法兩全。

日本在歐亞大陸遠東的情況，與德國在歐亞大陸遠西的情況，表面上有許多相似之處。兩國都是美國的主要區域盟國。的確，美國在歐洲和亞洲的實力直接得自於與德、日兩國密切結盟。兩國都有可尊敬的軍事體制，但都不能獨立自主：德國受制於軍事接受北約組織統合指揮，日本則受制於本身憲法限制（不過這部憲法是美國人設計的）及美日安保條約規定。兩國都是貿易及財務金融大國，在區域中雄踞一方，在全球也頭角崢嶸。兩國都可以被列為準世界強國，但兩國都不滿意未能藉由取得聯合國安全理事會常任理事國地位，正式獲得承認為世界大國。

德、日兩國地緣政治條件的不同卻富含重大的結果。德國與北約組織的實際關係，使它與其歐洲主要盟國平起平坐，而且在北大西洋公約之下，德國與美國有正式互惠的防務義務。美日安保條約規定美國有義務防衛日本，但並未規定（即使只是形式也罷）使用日本軍力防衛美國。實質上這個條約訂定了保護國關係。

德國是歐洲聯盟及北約組織的正式會員國，不再被過去迭遭德國侵略的鄰國視為威脅，而被當做是受歡迎的經濟與政治夥伴。有些國家甚至歡迎出現德國領導的中歐同盟，把德國視為友善的區域大國。日本的亞洲鄰國則大異其趣，他們仍不能忘懷日本在第二次世界大戰期間鑄下的仇恨。日圓增值更加助長亞洲國家不滿日本的情緒，它傷害到日本與馬來西亞、印尼、菲律賓，甚至中國的修好；中國對日本的龐大長期債務有三〇％以日圓計價。

許多亞洲人不把日本視為真正的亞洲人

日本在亞洲也不像德國、它沒有一個法國盟友：也就是一個真正、且多少平等的區域夥伴。日本對中國文化有強烈好感，或許還有一絲罪惡感，但是這種好感在政治上就隱晦不見了，雙方都互不信賴，也不預備接納對方的區域領導地位。日本也沒有等於德國之波蘭的鄰國：也就是弱了許多，但地緣政治夠重要的鄰國，可以與它修好及合作。或許韓國可以成為這樣的對象，尤其是韓國統一之後。但是日韓關係只是形式上交好，韓國人忘不了過去受日本殖民欺壓、日本人又自視文化優越，阻礙兩國社會真正修好。⑦最後，日俄關係比起德俄關係可就冷漠多了。俄羅斯依然保有二次世界大戰末期以武力佔領的千島群島南部（譯按：由日本觀點，稱之為北方四島，即國後、擇捉、齒舞及色丹），因此使日俄關係凍結。總而言之，日本在東亞區域是政治上孤立，德國則不孤立於西歐。

此外，德國與其鄰國都有民主原則及歐洲廣泛的基督教傳統。它也尋求認同一個大於它的實體，即「歐洲」。相形之下，並沒有一個「亞洲」的概念存在。日本孤懸海外的島國歷史，甚至它目前的民主制度，都使它與本區域其他國家不同，儘管近年來亞洲若干國家已出現民主政體。許多亞洲人認為日本是個自私自利的國家，而且過度模仿西方，不肯跟亞洲國家一起質疑西方對人權乃至個人主義的觀點。因此，許多亞洲人不把日本視為真正的亞洲人，可是西方偶爾也會質疑日本究竟真正變為西方的程度在哪裡。

事實上，日本雖位於亞洲，卻未必安適於做為亞洲國家。這個情況大大限制了它的地緣戰略選擇。一個真正的區域選擇，也就是超越中國、日本取得區域優勢地位（即使不是以日本霸權、而是以友善的日本領導之區域合作為基礎），基於活生生的歷史、政治和文化理由，似乎並不可行。甚且，日本還得繼續仰仗美國的軍事保護及國際贊助聲援。美日安保條約廢止或甚至逐步減效，都會打亂區域或全球秩序，使日本即刻陷入亂局。剩下的唯一選擇只有：接受中國的區域霸主地位，或者從事大規模的重整軍備方案（後者不僅耗費不貲，而且十分危險）。

我們可以理解，許多日本人認為今天日本的處境，兼具準世界大國及安全保護國的情況，乃是反常的。但是劇烈改變現有狀況，卻又不是那麼容易。如果說中國的國家目標相當清晰，中國的地緣政治野心也相當可以預測，日本的地緣戰略觀點就相當不明朗，日本的民氣十分含糊。

絕大多數日本人理解到策略性重大、突然改變路線會挺危險。日本能在它仍然飽受怨恨的區域，而且中國正在崛起成為區域霸主的情勢下成為區域大國嗎？或是日本就應該默認中國的地位？日本能否成為真正的全面全球大國（在軍事、政治、經濟、科技等全部層面都出人頭地），而不會破壞美國的支持、刺激區域更多的仇恨嗎？美軍在任何狀況下都會留在亞洲嗎？如果美軍留在亞洲，它對中國崛起而衝擊美日關係會有什麼反應？在冷戰時期，這些問題都沒有人提起。今天，它們卻在戰略上凸出，而且在日本引起激烈爭辯。

吉田理論

自從一九五〇年代以來，日本外交政策即由戰後首相吉田茂所定的四項原則所規範指導。吉田理論假定：㈠日本的主要目標應該是經濟發展，㈡日本應該輕度武裝，並且應該避免介入國際衝突，㈢日本應該接受美國的軍事保護，追隨美國的政治領導，㈣日本的外交應該不偏執特定意識型態，應該以國際合作為重心。然而，由於許多日本人對於日本介入冷戰的程度感到不安，同時也刻意經營半中立的假象。的確，直到一九八一年，外務大臣伊東正義由於使用「同盟」來形容美日關係，還被迫辭職。

現在，這一切都成為過去。日本當時在復原中，中國是自我孤立，歐洲也兩極分立。今天日本的政治菁英已經體會到日本經濟與世界各國息息相關，不能再以追求國富為國家中心政策而不致於激起國際公憤。經濟強大的日本（尤其又與美國激烈競爭），不能既是美國外交政策的延伸，同時又迴避任何國際政治責任。日本要在政治上更有影響力，尤其是尋求國際承認（例如取得聯合國安全理事會常任理事國席位），就不能避免在影響世界和平的重大安全及地緣政治議題上採取立場。

因此，近年來日本許多公私機構紛紛推出特別研究及報告，知名政治家及學者也出版許多頗具爭議的專書，探討日本在後冷戰時期的使命。⑧許多討論涉及到猜測美日安全同盟會繼續多久？還有必要維持下去嗎？也主張日本要有更積極的外交，尤其是對華外交；甚至主張日本在東亞區域應該有更活躍的軍事角色。如果我們根據公眾對話判斷美日關係狀況，認定在一九九〇年代中期兩國關係已進入危機階段，並不無道理。

然而，在公共政策層面，認真討論的建議方案整體而言還相當有節制及溫和。比較極端的方案，如直截了當的姑息主義（有些微反美味道），或片面、重大重整軍備（需要修訂憲法，甚且不顧美國及區域之不利反應），沒有得到太多支持。和平姑息主義在近年來已失去魅力，片面自主、重整軍備，除了若干激越之聲也沒有得到太多支持。一般民眾及影響力極大的企業界菁英都體會到，上述方案都未能提供真正的政策選擇，事實上也只會危害日本福祉。

以政治為主的公共討論主要涉及到日本的國際地位基本重點是什麼，另外對地緣政治優先事項有些次要不同見解。大略歸納起來，有下列三大、一小方向可供思考論辯，即：㈠堅決的「美國第一」派，㈡全球做生意派，㈢務實派，及㈣國際主義派。然而，經過仔細分析，這四派都有相當一致的目標，及共同的關切重點：利用與美國的特殊關係，爭取全球承認日本，同時並避免亞洲各國的敵視，也不要貿然太早破壞掉美國的安全保護傘。

美國第一派

第一派人士主張維持現有（也承認是不對稱）的美日關係應該仍是日本地緣戰略的中央核心。他們與絕大多數日本人一樣，希望國際間能更承認日本，也希望美日同盟更平等，宮澤喜一首相一九九三年一月曾說：「展望世界邁入二十一世紀，美日尤須在共同願景下提供調和的領導。」這個觀點深獲過去二十多年掌握大權的國際派政治菁英及外交決策人士的支持。在中國的區域角色及美軍駐韓等關鍵性地緣戰略議題上，這些領袖支持美國，但也與一旦美國傾向對中國採取對抗立場時，即出面節制自許。事實上，即使這一派人士也越來越重視日中關係親善的需要，視之為僅次於日美關係的重大事項。

全球做生意派

第二派人士並不反對地緣戰略上日本政策向美國認同的作法，但是他們認為日本坦白承認、接受自己主要是經濟大國的事實，最能符合日本利益。這個觀點最常受到傳統上極有影響力的通產省官僚，及出口貿易商大老的支持。他們認為日本相對的非軍事化，是值得保護的資產，有美國擔保國家安全，日本可以放手追求全球做生意的政策，悄悄強化全球地位。

在理想的世界裡第二派主張傾向於支持至少實質的中立主義，以美國抵擋中國的區域勢力、保護台灣與南韓，日本就能放手開發與大陸及東南亞的密切經濟關係。然而，在現有的政治現實下，全球做生意派接受美日同盟是一項必須的安排，包括日本自衛隊相當溫和的預算開銷（還不超過日本國內生產毛額的一％），但是他們不熱中對美日同盟注入區域重大內涵。

務實派

第三派現實派可謂是新品種的政客及地緣政治思想家。他們相信身為富裕、成功的民主國家，日本有機會也有義務在後冷戰時期的世界貢獻力量。如此做，日本可以獲得舉世承認的確不負古往今來經濟超強的令譽。一九八〇年代中曾根康弘首相即展露這個意念，但是一九九四年小澤委員會發表一份報告，題目是「新日本藍圖：重新思考國家方向」，更凸顯出這個觀點。

迅速竄起的中間派政治領袖小澤一郎主持此一委員會，提出這份研究報告，主張日本階層森嚴的政治文化要民主化，也要重新思考日本的國際地位。這篇報告力促日本要變成「一個正常國家」，建議要維持美日安全合作關係，也建議日本應該放棄在國際上的被動作為，積極參與國際政治，尤其應率先參加國際維持和平活動，因此應該修憲，廢止限制派軍出國的條款。

主張「正常國家」暗示一個重大的地緣政治意義，即走出美國安全傘的羈束。主張這個觀點的人士認為，在全球重大事件上，日本應該毫不猶豫挺身做亞洲發言人，不再自動追隨美國立場。然而，他們對中國的區域角色及韓國的前途等敏感問題，仍刻意含糊其辭，與他們傳統派的同僚並無二致。因此，就區域安全而言，他們依然傾向於把這兩大問題交給美國處理，只有美國處置過當時，日本才出面緩和。

一九九〇年代下半期，這一派主張開始在公眾思考中佔優勢，影響到日本外交政策的制訂。一九九六年上半年，日本政府開始談到「自主外交」。謹慎的外務省刻意迴避用「獨立外交」字眼，而用「自主外交」代替。

國際主義派

第四派國際派比前三者都較無影響力，但是它們偶爾能灌輸一些理想主義論調進入日本觀點。一般公認新力公司董事長盛田昭夫是其代表人物，他主張日本必須展示出對符合道德的全球目標之承諾。國際派經常以「新世界秩序」理念號召，主張日本正因為沒有地緣政治責任的負擔，應該義不容辭承擔起開發、促進世界人道議題的領袖責任。

四派人士都同意一個重大的區域議題：出現更多邊的亞太合作關係，符合日本利益。亞太多邊合作可以有三個正面效應：㈠它可以有助於使中國參與（也可以微妙地節制中國），㈡它有助於把美國留在亞洲，即使逐步降低其優勢地位；㈢它有助於緩和反日情緒，進而增進日本影響力。雖然不太可能製造出一個日本區域勢力範圍，卻可能使日本獲致相當的區域順從，尤其是那些對中國強盛不安的海洋國家。

四派人士也都同意，審慎與中國交往，比由美國領導直接圍堵中國，更好。事實上，以美國為首圍堵中國的戰略，或是由美、日撐腰，以台灣、菲律賓、汶萊和印尼等島國成立非正式的制衡同盟，日本外交決策人士都沒有太大興趣。從日本的角度來看，任何類似作為不僅要求美國大軍無限期的留駐日本和韓國，而且會在中國及美、日區域利益之間創造出煽動性的地緣政治重疊區（參見第二四〇頁地圖），勢必會與中國爆發衝突，⑨結果將阻礙日本漸進脫離美國羈縻，也將威脅到遠東經濟福祉。

贊成相反作法，即日本與中國大和解的人也不多。這種同盟關係大逆轉的區域後果太易引起混亂：美國撤出東亞區域，台灣與韓國臣服於中國，將使日本聽任中國宰割。除了

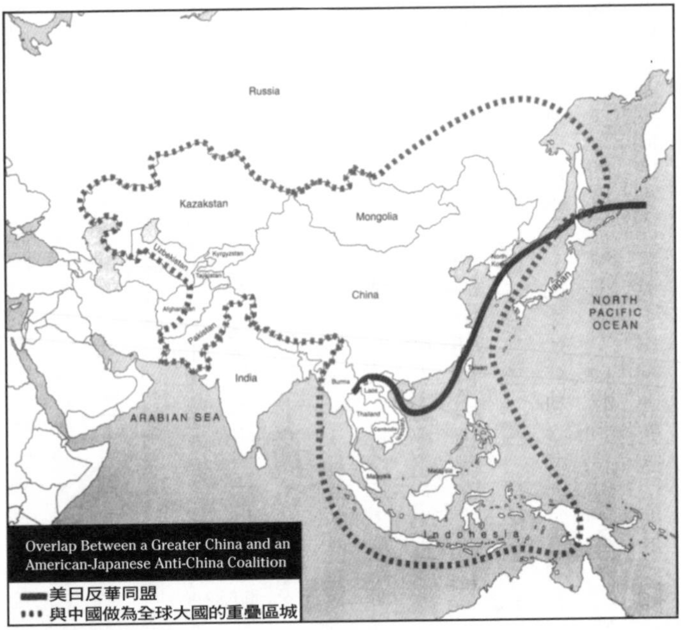

大中國及美日反華同盟的重疊區域

或許少數極端份子外，不會有太多人能接受它。俄羅斯在地緣政治上遙遠，歷史上又被看不起，因此對於「與美國結合仍是攸關日本命脈」的基本共識，仍無替代之路。沒有穩定的美日關係，日本既無力擔保石油穩定供應，也無力保護自己遭受中國（甚至很快就是韓國的）核子彈攻擊。唯一的真正政策議題是：如何善於運用對美關係，以增進日本利益。

「遠東」擴大為「亞太」地區

因此，日本只有順從美國意願，加強美日軍事合作，甚至同意範圍由比較明確的「遠東」擴大為「亞太」地區。與此相吻合的是一九九六年初檢討日美防務指針時，日本政府把可能運用日本自衛隊的情況，由「遠東緊急事故」擴大為「日本近鄰地區緊急事故」。日本之願意在這件事上接納美方意見，也是出於對美國是否有在亞洲長期駐留兵力起了疑慮，另外也是擔心中國的崛起（美國對此已開始焦慮）可能在未來逼迫日本做出無法接受的選擇：與美國並肩對抗中國，或拋棄美國、與中國結盟。

就日本而言，基本的兩難局面還有一層歷史意義：由於成為區域霸主不是可行的目標，也由於沒有區域基礎，獲致真正全面全球大國地位也是不切實際的想法，因此日本要獲致全球領袖地位的最好辦法是透過積極參與全世界的維持和平活動及經濟開發。利用美日軍事同盟以確保遠東穩定、又不要讓它演變成反華同盟，日本能形成一個清晰、有力的全球目標，促成國際間出現真正、有效率的制度化合作。日本將因此變成一個十分強大、類似加拿大的全球國家：因為建設性地運用其財富及勢力而備受尊敬，但又不受害怕及仇恨。

美國政策的任務應該是，確保日本追求此一選擇，以及中國崛起為區域霸主不能妨礙東亞平衡的三角均勢。要搞定日本和中國，又要維持涉及美國的穩定三邊互動關係，美國需要有極大的外交技巧和政治想像力。擺脫掉過去偏執認定日本經濟上升會有威脅，也擺脫掉擔心中國的政治力量，將可以對仔細做戰略評估的政策注進冷靜的現實：如何導引日本精力往國際方向發展，如何導引中國走上區域大和解，都需要美國的智慧。

美國唯有如此，才能在歐亞大陸的東方大陸上建立起類似歐洲在歐亞大陸西緣的角色，也就是以共同利益為基礎的區域權力結構。然而，不會像歐洲的狀況，東方大陸的民主橋頭堡不會太快出現。反而，美日同盟調整方向後，必須做為基礎，讓美國寬容接納中國的區域優勢地位。

就美國而言，由本章前兩節的分析衍生出若干重要的地緣戰略結論：

普遍認定中國將是下一個世界強權，滋長懼中症，也助長中國內部的狂妄自大。擔心有侵略性、充滿敵意的中國不久就註定要成為下一個世界強權，至多，只是早熟的想法；

一旦搞不好就不幸而言中。因為，有人會主張，組織同盟圍堵中國崛起為世界強權，會徒勞無功；在區域極具影響力的中國會變得充滿敵意。同時，這種作為將令美日關係繃緊，因為絕大多數日本人不會支持這種同盟。準此，美國應該放棄壓迫日本在亞太地區承擔更大防務責任的念頭。這種作法只會妨礙日本與中國之間出現穩定關係、同時令日本在東亞更加孤立。

窮國同盟，長時間內無法在經濟上翻身

但是也正因為中國事實上不可能即將成為世界強權，也正因為如此，追求圍堵中國於區域內的政策乃是不明智之舉，最好是把中國當做全球重要角色來對待。把中國拉進更大的國際合作關係、給予它渴望的地位，將可鈍化中國野心的銳鋒。重要的一步是把中國納入世界主要國家的年度高峰會談，即所謂「七國集團」（G—7）開會，尤其是俄羅斯目前已經被邀與會。

儘管外表滿像一回事，事實上中國並沒有大戰略方案。中國經濟要持續成長，仍然得要大量仰仗西方資本及技術的流入，以及接近外國市場；這就嚴重限制了中國的選擇。與不穩定、貧窮的俄羅斯結盟，不會強化中國的經濟及地緣政治前途，而且就俄羅斯而言，

這等於是向中國稱臣屈服。因此，即使在戰術上滿有誘因讓中國及俄羅斯去把玩這個點子，這不是一個可行的地緣戰略選擇方案。中國援助伊朗和巴基斯坦，對中國有更即時的區域及地緣政治意義，但這也不能做為認真追求世界強權地位的起點。如果中國認為它的國家期望及區域期望被美國（在日本支持下）所阻擋，可能最後只有訴諸「反霸」同盟一途。但這將是一個窮國同盟，可能在相當長一段時間還是沒有辦法在經濟上翻身。

大中國正在崛起成為區域優勢力量。它或許會企圖要鄰國俯首聽命，造成區域不安定；它也或許滿意間接運用影響力，與歷史上的中華帝國一樣。究竟是出現霸權的勢力範圍，或是比較含糊的順從範圍，部分要看中國政權有多殘暴專斷，部分要看美、日等關鍵角色如何看待大中國的崛起而定。單純姑息的政策會鼓舞中國更蠻橫，單單只是阻撓中國興起也可能獲致同樣結果。在若干議題上審慎寬容，在其他議題上明確畫下界線，可能可以避免出現極端狀況。

總之，在歐亞大陸部分地區，大中國可能發揮與美國地緣戰略利益相容的地緣政治影響力。譬如，中國對中亞興趣上升，無可避免將限制了俄羅斯擬把本地區重新整合接受莫斯科控制的作為。在這方面及波斯灣地區，中國對能源需求日益殷切，使它與美國產生共同利益要維護自由進出此一產油地區，以及本地區之政治穩定。同理，中國支持巴基斯坦，牽制了印度要收服巴基斯坦的野心，抵銷了印度針對阿富汗及中亞與俄羅斯合作的效用。

最後，中國及日本參加東部西伯利亞的開發，也有助於加強本區域的穩定。這些共同利益應該透過持續不斷的戰略對話來探討。⑩

當然，在有些地區，中國野心可能與美國（和日本）利益衝突，尤其當這些野心要透過歷史上熟悉的強力戰術去追求時。東南亞、台灣及韓國尤其是關注重點。

東南亞潛能上太富裕，地理位置上太遼濶分散，因此大到不會輕易臣服於強大的中國，可是它又太弱、政治上太分裂，不會不成為中國的順從範圍。中國國勢上升，中國的區域影響力也一定上升；尤其華人在東南亞各國財政、經濟勢力龐大，更助長中國氣燄。大體上要看中國如何運用其勢力，但至少目前並不明朗美國有特殊利益會直接反對，或介入南海爭端。中國有相當豐富的歷史經驗巧妙管理不平等（或朝貢）關係，中國也必然曉得符合其利益，要自我節制避免區域各國害怕中國帝國主義興起。這種恐懼心理可能促成區域反華同盟（印尼、澳洲研議的軍事合作已出現這種論調），更極可能轉而尋求美國、日本和澳洲的支持。

中國從來沒有默認台灣可以無限期的孤立於中國之外

尤其在消化了香港之後，大中國將必然會更積極尋求統一台灣。我們必須了解一個重要事實：中國從來沒有默認台灣可以無限期的孤立在中國之外。因此，在某一個時點，這個議題可能造成美、中正面衝突。它對相關國家都將肇致傷害：中國經濟前途將倒退；美國與日本關係將嚴重繃緊；美國想在歐亞大陸東翼建立穩定均勢的作法將會脫軌。

因此，針對這個議題，雙方必須獲致非常清晰的了解。即使在可預見的將來，中國仍缺乏力量有效壓制台灣，北京必須了解（而且是被說服），美國若是默許台灣可以被中國運用武力統一，對美國遠東地位將是大災害，因此如果台灣不能保護自己時，美國不可能保持軍事被動。

換句話說，美國必須干預，不是替台灣分立於中國打算，而是替美國自己在亞太地區的地緣政治利益打算。這是非常重要的分際。美國在分立於中國的台灣，沒有任何特殊利益。事實上，美國的正式立場過去是，將來也應該仍舊是：只有一個中國。但是，中國如何尋求統一對美國重大利益會有衝擊，中國必須清楚明白這一點。

台灣問題也使美國有正當理由，在與中國交涉時提起人權問題，而不致招惹干涉中國內政之譏。美國非常適切向北京重申，只有當中國更繁榮、更民主，才能完成統一。只有繁榮、民主的中國才能吸引台灣，融入以「一國多制」精神為基礎的大中華邦聯。總之，為了台灣，中國加強尊重人權符合自身利益，美國基於這個思考，適宜向中國做此陳述。

同時，美國應該信守對中國的承諾，直接或間接都不去支持台灣提升國際地位。一九九〇年代，美台官方若干接觸傳遞出一個印象，美國心照不宣開始視台灣為一獨立國家，中國對此一議題的生氣可以理解，中國也非常生氣台灣官方加強爭取國際承認台灣為獨立國家的作為。

因此，美國不應該扭捏，要清楚表態，台灣若想改變長期建立的中、台關係刻意模糊之情勢，將會不利於美、台關係發展。甚且，如果中國的確繁榮、民主，它的消化香港不涉及到民權倒退，美國鼓勵海峽兩岸認真對話討論統一的條件，也將有助於製造壓力迫使中國內部增進民主化，同時培養美國與大中國之間更廣泛的戰略調和。

韓國這個東北亞地緣政治的樞紐國家，可以再次成為美、中之間對立的起源，它的前途也將直接衝擊美、日關係。只要韓國繼續分裂，不穩定的北韓及日益富裕的南韓之間仍有爆發戰爭的可能性，美軍將必須繼續留駐朝鮮半島。美國片面撤軍不僅可能導致新戰爭，而且也顯示美軍即將不再維持日本基地。一旦美國放棄南韓，很難再說服日本繼續依賴美國在日本領土維持部隊部署。日本迅速重整軍備將是最可能的後果，而且東亞地區亦將發生不穩定的情況。

然而，韓國的統一也可能產生嚴重的地緣政治兩難局面。如果美軍在韓國統一後仍留駐朝鮮半島，勢必被中國認為是針對中國而來。事實上，中國極不可能默認這種情況下的南北韓統一。如果南北韓統一是分階段進行，涉及所謂軟著陸作法，中國將在政治上阻礙它，並支持北韓境內依然反對統一的份子。如果統一是猛然發生，以北韓躁進南侵為之，則不能排除中國軍事干預的可能性。由中國的角度看，南北韓統一能被接受只有一種狀況，它不能同時又是美國勢力的延伸（日本躲在背後當跳板）。

美軍在遠東勢力收縮，將使得歐亞大陸更難維持穩定均勢

然而，韓國統一、美軍又撤走，很可能首先傾向於在中國及日本間保持中立形式，然後部分由於依然濃厚的仇日情緒，走向中國的勢力範圍或順從範圍。這時就會產生一個問題：日本是否仍願意做為美軍在亞洲的唯一基地？最起碼，這個議題會是日本國內政治意見最分歧對立的一個燙手山芋。美軍在遠東勢力收縮，將使得歐亞大陸更難維持穩定均勢。這些考慮因而加強美、日在韓國現況的利害關係，如果韓國現況要改變，必須以很緩慢的階段作法進行，最好是在美、中加深區域和解的背景下進行。

同時，日、韓真心修睦可以大大有助安定的區域局勢，促成南北韓最後統一。韓國統一可能孳生的種種國際複雜局勢，將因日、韓真正修睦而減輕，並且在兩國間產生越加合作及堅定的政治關係。美國可以扮演關鍵角色、促進日、韓修睦。當年推動法、德修好，後來德國、波蘭修好的許多措施（例如，由大學交流演進到聯合軍事演習），都可以搬來運

用。全面的、區域穩定的日、韓夥伴關係，將有助於美軍繼續留駐遠東，甚至在韓國統一後還留駐朝鮮半島。

日本是美國的屬國？敵人？夥伴？

我們不用說也明白，與日本維持密切政治關係符合美國的全球地緣戰略利益。但是，日本究竟是美國的屬國、敵人或夥伴，要看美、日雙方是否有能力清楚界定兩國應追求的共同國際目標，以及能否清楚劃分美國在遠東的地緣戰略使命及日本追求全球角色之間的界線。就日本而言，儘管內部對日本外交政策頗有爭辯，對美關係仍是其國際方向感的主要燈塔。一個失去方向感的日本，不論是走上重整軍備，還是個別與中國交好，將是美國在亞太地區角色的終結，也將阻絕涉及美、日、中區域穩定的三角關係之出現。這又會阻礙了美國要在整個歐亞大陸形成政治均勢的苦心孤詣。

美國有全球實力，中國在區域稱雄，日本則扮演國際領袖

簡而言之，失去方向感的日本將如同擱淺的鯨魚，無助地活蹦亂跳，危險極了。它會

使亞洲失去穩定，卻又不能製造一個替代頗有需要的美、日、中穩定均勢之辦法。只有透過與日本結盟、美國才能夠接納中國的區域雄心，及節制其專斷動作。只有在這樣的基礎下，才能擘劃出複雜的三角合諧——美國有全球實力、中國在區域稱雄、日本則扮演國際領袖。

因此，在可預見的將來，削減現有駐日美軍兵力（及延伸到駐韓美軍），不是可取的作法。同理，任何擴大地緣政治範圍及實際擴大日本軍力的作法也都不可取。美國大量撤軍極可能導致日本在混亂的戰略方向迷失下，大幅重整軍備，因此美國壓迫日本承擔更大的軍事角色只會破壞區域穩定前途、阻礙與大中國廣泛的區域和解，令日本分心不能承擔更具建設性的國際任務，因此令培養整個歐亞大陸穩定的地緣政治多元主義的工作，更加困難複雜。

日本如果要走出亞洲，迎向世界，就必須給予它有意義的誘因及特殊地位，俾能吻合其國家利益。中國可以先成為區域大國，再尋求全球大國地位；日本不一樣，日本要獲致全球影響力，必須拋棄追求成為區域大國。因此，非常有必要讓日本覺得在全球使命中，他是美國的特殊夥伴，而且不但政治上滿足，經濟上也受惠。針對這個目標，美國應認真考量批准一個美、日自由貿易協定，創造一個共同的美、日經濟領域。這一步可以把兩個經濟體之間緊密的關係正式化，並且替美國繼續留在遠東及日本建設性的全球參與，提供地緣政治的支撐。⑪

結論是，就美國而言，日本應該是建設一個更加合作及全球普遍合作體系的最重要夥伴，而不只是旨在對抗中國區域霸權的區域安排之軍事盟友。實質上，日本應該是美國處理世界事務新議程的全球夥伴。區域稱雄的中國應該在傳統的權力政治範疇內成為美國的遠東之錨，協助培養歐亞大陸均勢，以歐亞大陸東側的大中國扮演等同於歐亞大陸西側擴大中的歐洲之角色。

註釋：

① 一九九五年二月一日香港出版的《爭鳴》月刊刊載〈官方文件預期鄧後動亂〉，詳細摘錄替黨領導人起草的有關種種形式動亂之兩份分析。李察・鮑姆(Richard Baum)所著〈鄧後中國：追求真相十大劇本〉，載一九九六年三月號《中國季刊》，則是西方對同一議題的觀點。

② 參見中國計量經濟暨技術研究所一九九六年發表的比較樂觀的報告〈走向二十一世紀的中國經濟〉；它預估二〇一〇年中國國民平均所得大約是七三五美元，比世界銀行界定的低收入

國家水準高出不到三十美元。

③ 根據一九九四年九月二十五日當期的中文版《亞洲周刊》報導，東南亞五百大華人擁有的公司資產總額約五千四百億美元。其他的估計還更高：一九九六年十一／十二月號的《國際經濟》報導，五千萬海外華人的年收入約略等於上述金額，因此大約等於中國大陸的國內生產毛額。據說，華僑控制印尼九成經濟，泰國七成五，馬來西亞五、六成，以及台灣、香港和新加坡的百分之百。對於此一情況的關切，甚至引起印尼前駐日大使蘇友哈迪普洛卓(Saydiman Suryohadiprojo)公開警告：「中國在本區域的經濟干預」不僅可能利用這些華僑勢力，甚至會導致產生中國支持的「傀儡政府」。(詳見一九九六年九月二十三日東京《朝日新聞》所載蘇氏專文〈如何處理中國及台灣問題〉。)

④ 一九九七年三月三十一日曼谷英文《民族日報》(*The Nation*)報導泰國總理昭華利訪問北京，就有這種徵兆。昭華利北京行的目的被界定為與「大中國」建立堅強的戰略同盟。據說，泰國領導人「承認中國是具有全球角色的超級大國」，並且希望能擔任「中國與東協(ASEAN)之間的橋樑」。新加坡則更露骨強調認同中國。

⑤ 見宋一民(譯音)一九九六年著〈論冷戰結束後世界力量之分合〉。對美國的此一評估代表中國高層領導人的意見，可以由中國共產黨機關報《人民日報》一九九六年四月二十九日摘要轉載這篇文章，見其一斑。

⑥ 一九九六年二月《國際展望》刊載王春英(譯音)〈前瞻二十一世紀初期的亞太安全〉，即詳

細檢討美國擬建立此一反華亞洲體制的意圖。

另一位中國評論員楊百江（譯音）一九九六年六月二十日在《現代國際關係》上撰文指出，美日安保條約已由圍堵蘇聯的「防禦之盾」，改為針對中國的「攻擊之矛」。一九九七年一月三十一日《人民日報》刊載〈加強軍事同盟並不符合時代潮流〉一文，譴責重新界定美日軍事合作範圍是「危險的動作」。

⑦ 一九九七年二月二十五日《日本文摘》報導，根據政府辦的一項民意調查，只有三六％日本人覺得對南韓友好。

⑧ 譬如，首相級的諮議委員會肥口委員會於一九九四年夏天發表報告，列舉〈日本安全政策的三大支柱〉，強調美日安全關係的至高性，但也支持亞洲多邊安全對話。一九九四年小澤委員會提出《新日本藍圖》的報告。《讀賣新聞》一九九五年五月提出《完整的安全政策》，支持日本派遣維持和平部隊出國。一九九六年四月日本經濟同友會在富士銀行研究所協助下提出報告，呼籲美日防務系統要增強對稱關係。一九九六年六月日本國際事務論壇呈送給首相的一篇《亞太區域安全體系的可能性及角色》，以及過去數年出版的許多書籍及文章，經常爭論不休，建議也各走極端，比起上述主流報告更常受到西方媒體轉載。一九九六年日本將領森野安弘(Yasuhiro Morino)編著一本書、大膽質疑在某種情況下，美國可能不會保護日本，因此日本應增強國防力量，即引起媒體熱切討論。（參見森野安弘編《下一代陸上自衛隊》及一九九六年三月四日《產經新聞》所載〈美國援我之神話〉中對此書的評論。）

⑨ 若干保守派日本人對日台特殊關係不能忘情，於一九九六年組織「日台國會議員連合會」推動此一目標。中國的反應果如預料，十分不滿。

⑩ 一九九六年我與中國高階國家安全及國防官員會談時，舉出下列共同戰略利益範圍做為此類對話的基礎：①和平的東南亞，②不以武力解決外島問題，③和平統一中國，④韓國的穩定，⑤中亞的獨立，⑥印度及巴基斯坦之間的均衡，⑦經濟活躍、國際友善的日本，⑧和平但不太強的俄羅斯。

⑪ 這項建議指出共同的經濟利益，可參見董(Kurt Tong)在一九九六至九七年冬季號《外交政策》季刊所撰〈美國對日政策的革命化改進〉一文。

結論
Conclusion

美國已經成為世界「不可缺的國家」

美國已經到了必須制訂、推行一個整合、全盤及長期的整個歐亞大陸地緣戰略的時候。這個需求起自於兩個基本現實的交互作用——美國現在是全球唯一的超級大國，歐亞大陸是全球的中心場域。因此，歐亞大陸的權力分布將對美國的全球盟主地位及美國的歷史遺緒，產生決定性的重大關係。

美國全球霸業在其範圍及特徵上，都有獨特之處。這是一種反映美國民主制度許多特質的新型式霸業：它講究多元，可以擴散，而且有彈性、不僵硬。不到一百年之內就建立的這個霸業，其主要地緣政治意義就是：美國已在歐亞大陸建立史無前例的角色，而早先要競逐全球霸主地位的國家無不以歐亞大陸為發跡地。美國現在是歐亞大陸的仲裁人，沒有美國的參與，或是違逆美國的利益，任何重大的歐亞議題就得不到解決。

美國如何操縱又寬容歐亞大棋盤上的主要地緣戰略玩家，美國如何應付歐亞大陸關鍵性的地緣政治樞紐國家，攸關到美國霸業的長久壽命及穩定性。在歐洲，主要玩家仍將是法國及德國，美國的中心目標應該是鞏固及擴大在歐亞大陸西側現有的民主橋頭堡。在歐亞大陸的遠東地區，中國很可能越來越重要，除非美、中能成功地培養出地緣戰略共識，美國在亞洲大陸將不會有政治立足點。在歐亞大陸的中央，也就是在擴大中的歐洲及在遠東崛起的中國之間的空間，至少仍將是地緣政治的黑洞，除非俄羅斯能解決其內部對後帝國的自我界定之鬥爭，而俄羅斯南方的區域，所謂的歐亞大陸巴爾幹，有可能變成種族衝突及大國對抗的壓力鍋。

在這個脈絡下，在未來一段時間內（至少是一個世代以上），美國做為世界獨一盟主的地位不太可能遭到單一國家的挑釁。軍事、經濟、技術、文化四大面向的力量集合起來，產生決定性的全球影響力，目前還沒有任何一個單一民族國家可以在這四方面望美國之項背。若非美國審慎的讓位，在可預見的將來，能取代美國全球領導地位的唯一一種情況，就是國際上陷入無政府狀態。就這一點而言，借柯林頓總統的話來說，我們可以斷言，美國已經成為世界「不可缺的國家」。

我們有必要在此強調美國的不可缺之特性，以及全球陷入無政府狀態的真確可能性。如果現有以民族國家為基礎，才乍現的地緣政治穩定架構都不保而瓦解，則人口爆炸、為逃避貧窮而移民遷徙，都市化的激烈，種族及宗教信仰衝突對立，以及大規模毀滅性武器的擴散等等問題所產生的破壞性後果，就無法控管。沒有美國持續、直接的介入，不久全球失序的力量就會主宰世局。這種分裂瓦解之虞，不僅隱伏在今天歐亞大陸的地緣政治緊張之中，也潛伏在全球各地的種種紛爭衝突之中。

全球人類生活水準的普遍低落，也極可能增添不穩定的危機。尤其在世界上的貧窮國家中，人口爆炸、同時又急劇都市化，迅速在弱勢者中產生擠迫感，也對數以億計的失業人口及紛擾的青年人產生挫折感。現代通訊強化了他們棄絕傳統威權，也使他們越發體會、及怨恨世界的不平等現象，因而更易於接受極端思想的動員影響。一方面，全球移民現象（已達到數以千萬計的地步）可以做為暫時的安全閥，另一方面，它卻也可能成為跨大陸傳播種族及社會衝突的管道。

美國所承擔的全球管事人的角色，因而可能受到動亂、緊張，甚至間歇性暴力的打擊。以美國霸權去架構，因而「戰爭威脅不再」的嶄新、複雜的國際秩序，很可能只限於世界某些地區，這些地區的美國實力得到民主的社會、政治制度之強化，及繁複的外來多邊架構（但仍以美國主導）之強化。

美國在歐亞大陸的地緣戰略因而將與動亂力量角力。在歐洲，已有跡象顯示整合及擴大的動力已漸減弱，傳統的歐洲民族主義不久可能會復甦。即使歐洲最成功的國家也有大規模的失業人口，滋養著仇外意識，可能使法國或德國突然大轉向，走上政治上的極端主義，及內向的沙文主義。的確，目前可能已在醞釀着革命爆發前夕的風雲。只有美國鼓勵及督促歐洲團結，本書第三章所提的歐洲歷史進程表才可能做到。

俄羅斯前途的不確定，更加嚴重，正面演進的希望更是稀薄。因此，美國當務之急是建構一個地緣政治體系，使俄羅斯適合融入一個歐洲益加合作的大環境，並且培養俄羅斯新興獨立主權鄰國能夠自立自主的大環境。甚且，烏克蘭或烏茲別克（更不用說種族兩極分化的哈薩克）的存活可能性將依然不確定，尤其是如果美國注意力被歐洲內部新危機、被土耳其與歐洲之間差距越大、或被美國、伊朗關係日益惡化所分心的話。

與中國大和解的可能性，也可能因為未來台灣危機而告斷送；或因為中國內部政治動態演進促使出現一個具侵略性的敵意政府，或只是因為美、中關係趨向陰澀而消失。中國可能變成世界上一個非常不穩定的力量，對美、日關係構成極大壓力，甚至或許對日本本身造成非常擾人的地緣政治方向紊亂效果。在這種大環境下，東南亞的穩定必然受到波及，我們不免要擔心這些事件匯集起來對攸關南亞安定的印度之地位及凝聚力，會有什麼衝擊。

這些觀察可以提醒我們，如果全球大國的地緣政治結構開始動搖，超越民族國家範圍的新全球問題，或是傳統的地緣政治問題，都不太可能得到解決、或甚至遏阻。歐洲與亞洲地平線上都已出現警訊，美國政策要成功就必須以歐亞大陸整體為重心，並且有地緣戰略規劃為指導。

美國亟需的政策，必須切切實實承認目前界定世界事務的地緣政治狀況之三個史無前例條件；也就是有史以來第一次，㈠單一一個國家真正居於全球大國地位，㈡一個非歐亞大陸的國家成為全球盟主，㈢全球的中心區域——歐亞大陸，由一個非歐亞國家主導。

然而，對歐亞大陸的全盤、整合的地緣戰略，也必須立足在承認美國有效力量的局限性，以及其範圍無可避免將其時俱退的基礎之上。本書前文所述，歐亞大陸範圍廣袤，國家民族多樣，其中部分國家潛力雄厚，這都會限制美國影響力的深度，及其控制事態發展的程度。這種狀況使得地緣戰略先見非常重要，必須審慎選擇在歐亞大棋盤上如何部署美國的資源。由於美國空前的實力勢必與時遞減，優先次序必須能駕馭妥當其他區域強國的崛起，至少不能讓它們威脅到美國的全球優勢地位。

好比下棋，美國的全球戰略策劃師必須預先想到好幾步棋，並且預料到對手的棋路。因此，一個可長可久的地緣戰略必須能分辨短期（今後五年左右）、中期（至多二十年）及長期（二十年以上）的目標。而且，這些階段不應被僵持堅守，食古不化，必須視為持續的進程。第一階段必須逐步、持續導入第二階段，再由第二階段發展到第三階段。

短期而言，固化並持續歐亞大陸地圖上的地緣政治多元主義，乃是吻合美國利益的作法。這就使得美國一定要重視運作、捭闔縱橫，以便阻止一個敵意同盟的出現，使它別想要挑戰美國的優勢地位；更不用說，絕不能容許任何一個特定國家有這種念頭。就中期而言，上述作法應逐漸轉為強調重視越來越重要、且又戰略上可匹配的夥伴，在美國領導下，他們可能有助於建構一個更合作的跨歐亞安全體系。最後，到了長期階段，上述發展就可以演進成為真正分享政治責任的全球核心。

民主的美國不可能藉軍事資源為後盾，持續介入歐亞大陸事務

最立即的任務是，確保沒有一個單一國家或若干國家的組合，能有實力把美國趕出歐亞大陸，或甚至大幅削弱美國決定性的仲裁人角色。然而，固化跨大陸的地緣政治多元主義，應該當做是達成中期目標——在歐亞大陸關鍵區域建構真正的戰略夥伴關係——的一種手段。民主的美國不可能希望藉由美國軍事資源為後盾，持續不斷操縱玩弄，永久介入艱難、吃力不討好且成本高昂的管理歐亞大陸之任務，來阻止任何國家冒出頭在區域稱霸。因此，第一階段必須合邏輯地、審慎地導入到第二階段。在第二階段中，友善的美國霸主依然不鼓勵其他國家起而挑戰，不僅可藉由使挑戰成本太高昂，也可藉由不去威脅歐亞潛

在區域強權的重大利益的手法，雙管齊下。

就中期目標而言，美國特別需要培養真正的夥伴關係，其對象首先當然是更團結政治上已有定見的歐洲，以及在區域上睥睨群倫的中國，其次是後帝國、且傾向歐洲的俄羅斯，以及在歐亞大陸南緣，區域上穩定又民主的印度。但是，與歐洲及中國打造更廣泛的戰略關係之成敗，將影響到界定俄羅斯角色是正面或負面的程度。

因此，擴大後的歐洲及北約組織將有利於美國政策的短期及較長期目標。歐洲擴大後也將擴大美國的勢力範圍——並且藉由吸納中歐新成員，也可增加歐洲理事會中有親美傾向的國家之數目——又不致於同時產生一個政治上相當整合的歐洲，能夠在攸關美國利益的地緣政治重大事務上（尤其是中東局勢），向美國立刻挑戰。政治上界定妥當的歐洲也攸關到把俄羅斯漸進融入全球合作體系的成敗。

缺少德國或法國，就不會有整合的歐洲

我們不容諱言，美國自身沒有足夠力量能促成一個更統一的歐洲——這件事得靠歐洲人自己去做，尤其是法國人和德國人的作為——但是美國卻可以阻礙更統一的歐洲出現。這麼一來就不利歐亞大陸的穩定，也不符合美國自身的利益。的確，除非歐洲能變得更加

團結統一，它很可能再次淪於分裂。因此，誠如上文所述，美國勢必與法國及德國密切合作，追求一個政治上能實現存活的歐洲，一個仍與美國保持密切關係的歐洲，一個擴大合作、民主的國際體系範圍的歐洲。在法國或德國之間擇一合作，根本不是問題重點。缺少了法國或德國任何一國，就不會有整合的歐洲；沒有整合的歐洲，就不會有跨歐亞大陸的國際體系。

就實際作為而言，上述作法需要逐步接受北約組織有共同領導人出現，更加接納法國對歐洲在非洲及中東事務上扮演角色的關切，並且必須繼續支持歐洲聯盟的東向擴張，即使歐洲聯盟因而在全球政治及經濟上更有主見，亦不能不支持它。①目前已有許多知名領袖人物主張簽署一項跨大西洋自由貿易協定，這項協定也可以緩和美國及越來越統一的歐洲之間的經濟對立上升危機。總而言之，歐洲聯盟若能成功埋葬掉數百年民族主義作祟、互相爭鬥的作法，消滅掉在全球擾亂的效果，則美國逐步降低插手仲裁歐亞事務的角色，也就相當值得。

北約組織及歐洲聯盟的擴大，將可重新提振歐洲本身已式微的重大使命意識，同時並固化因冷戰結束而增進民主的成果，符合美國及歐洲的利益。這項作為涉及到美國對歐洲的長程關係。新歐洲還在建構組織中，如果這個新歐洲在地緣政治上還要留在「歐洲—大西洋」陣營內，北約組織的擴大就十分必要。同理，目前已經宣示要擴大北約組織，如果北約組織的擴大失敗，將會危及歐洲擴大的理想，令中歐國家大為失望。甚且進而重新點燃俄羅斯在中歐業已蟄伏的地緣政治野心。

的確，美國領導的擴大北約組織之作為如果失敗，將重新喚醒俄羅斯更大的野心。目前尚無明顯證據可以說，俄羅斯政治菁英也認同歐洲的想法，願意見到美國在歐洲保持長久的、強大的政治、軍事力量——而且，歷史紀錄亦強烈指向相反方向。因此，雖然明白合乎利益要與俄羅斯增強合作關係，美國也非常有必要對其全球優先次序發出清晰的訊息。如果必須在擴大歐洲—大西洋體系及改善對俄關係之間做選擇，前者的重要性不言可喻。

基於這個理由，與俄羅斯在有關北約組織擴大這個議題上的妥協，不應附有一種結果，使俄羅斯成為此一同盟中實質做決策的成員，因而稀釋了北約組織特殊的歐洲—大西洋特性，並且把新加入的會員國貶為二等會員。這樣做將製造良機給俄羅斯，不僅恢復在中歐爭回勢力範圍的作為，還利用它在北約組織內的地位，利用美、歐的任何歧異看法從中挑撥，而降低美國在歐洲事務的角色。

在中歐加入北約組織之際，針對本區域對俄羅斯有任何新的安全保障，都非常有必要要求互惠，並且相互擔保。北約組織部隊及核子武器在新會員國領土部署，受到限制，乃是緩和俄羅斯合理關切的重要因素；但是，這樣做應該相對由俄羅斯保證，加里寧格勒（Kaliningrad，譯按：前東普魯首府）戰略位置楔入歐洲東緣頗具威脅性，應該宣布非軍事化，並且對於這些可能加入北約組織及歐洲聯盟的新會員國之邊界區域，部署軍隊要受到限制。雖然俄羅斯新獨立的西側鄰國全都急切欲與俄羅斯保持穩定、合作關係，事實上，它們基於歷史上可以理解的原因，仍然擔心憂懼。因此，北約組織及歐洲聯盟與俄羅斯之間若出現平等對待、相互和解關係，全體歐洲人將歡迎它，視之為俄羅斯終於做出後帝國的抉擇，決定與西方國家親善。

俄羅斯的第一要務：現代化

這個抉擇亦可替強化俄羅斯的地位及尊嚴之作為鋪路。正式讓俄羅斯加入G—7七大工業國家組織，並且提升歐洲安全合作組織（OSCE）的決策機制（在這個機制內，可以由美國、俄羅斯和若干關鍵性歐洲國家，成立一個特殊的安全委員會），將創造機會使俄羅斯得以建設性地參與建構歐洲政治、安全架構的工作。配合上西方國家持續以財務金援俄羅斯，以及透過興建新的公路及鐵路網，把俄羅斯與歐洲更緊密連接起來的雄偉計劃，俄羅斯選擇親歐洲路線的內容就可以更豐富、而且大步向前邁進。

俄羅斯在歐亞大陸的長期角色將大大仰仗俄羅斯必須做下的歷史性選擇，或許就在這個十年之內，它就必須對自我界定做出決定。即使歐洲及中國已增加其區域勢力圈，俄羅斯仍然是世界版圖最大的國家。它跨越十個時間區，領土比起美國或中國都有兩倍大。即使歐洲擴大之後，領土仍遠不及俄羅斯面積之大。因此，領土縮小並不是俄羅斯的中心問題。俄羅斯必須正視，並找出適當的對策去看待：歐洲及中國在經濟上都已比俄羅斯強大，而且中國在社會現代化的道路上也漸有超越俄羅斯之勢。

在這種情況下，俄羅斯政治菁英應該十分瞭然，俄羅斯的第一優先是現代化，而不是徒勞無功試圖重新恢復它以前的全球大國地位。有鑒於領土的廣袤及國家的多樣化，以自由市場做基礎的分權政治制度，比較可能釋出俄羅斯人民及該國豐富天然資源的創造性潛力。緊接下來，這樣一個分權的俄羅斯將較不易接受帝國動員。一個鬆懈的俄羅斯邦聯，分成歐洲俄羅斯、西伯利亞共和國及遠東共和國三部分，將更易與歐洲、中亞的新興國家及東方開拓親密關係，因而可以加速俄羅斯本身的開發。這三個邦聯成員實體，每個都可以更好好利用本地的創造潛能，掙脫開數世紀來莫斯科強悍的官僚之束縛。

如果美國能夠成功地進行其對俄戰略的第二條路子，也就是在後蘇聯的領域強化已在流行的地緣政治多元主義，則俄羅斯更有可能清清楚楚選擇親歐洲路線，而非帝國主義路線。這種強化作用可以降低帝國的誘惑。俄羅斯捨帝國主義而親歐洲，應該真正把美國的這種作為當做有助於強化區域穩定，而且可以降低在其南方新邊界沿線爆發衝突的可能性。但是，固化地緣政治多元主義的政策，不應以與俄羅斯具有良好關係做為前提。如果美俄不能發展良好關係，它反而可以當做重要的保險，因為它亦創造障礙，阻止俄羅斯再出現真正有威脅性的帝國政策。

因此可以說，在政治上和經濟上支持關鍵性的新興獨立國家，是廣泛的歐亞戰略完整的一部分。強化一個主權獨立的烏克蘭，它不但重新自我界定為一個中歐國家，同時還與中歐進行更密切的整合，乃是此一政策的非常重要之成分；除了更廣泛的努力，不顧俄羅斯的阻撓，打開中亞與全球經濟的聯繫之外，培養與亞塞拜然及烏茲別克等戰略樞紐國家的密切關係，也是此一政策的重要成分。

裏海—中亞地區的資源開發

國際間對越來越易進出的裏海—中亞區域大規模投資，不僅有助於鞏固這些新興國家的獨立地位，長期下來亦有利拋棄帝國野心的民主俄羅斯。開發本區域的能源及礦產，將可帶動繁榮，推動本區域更大的穩定及安全感，並且或許也可以降低巴爾幹式衝突的危機。藉由外來投資，本區域加速開發，其利益亦可傳播到俄羅斯與其毗鄰的省份，因為這些省份在經濟上一般都欠開發。甚且，一旦本區域的新興統治菁英體會到俄羅斯默認本區域可以整合納入全球經濟，他們將更不憂懼與俄羅斯有密切經濟關係在政治上會產生何種後果。遲早，捨棄帝國野心的俄羅斯將因之被接受為本區域的最主要經濟夥伴，而不再是帝國主義的統治者。

要促進一個穩定、獨立的南方高加索及中亞區域，美國必須審慎小心不可疏離土耳其，而且應該研究是否可以與伊朗改善關係。土耳其一心一意想加入歐洲聯盟，若是覺得被歐洲排斥遺棄，將變得更傾向伊斯蘭化，更可能因怨生恨而否決北約組織的擴大，更不太願意與西方合作去追求穩定及整合、又不偏執宗教信仰的中亞，把它納入世界共同體之內。

因此，美國應該運用它在歐洲的影響力，促成土耳其終能加入歐洲聯盟，而且，只要土耳其國內政治不致於大轉向，投向伊斯蘭陣營，美國應該努力把土耳其當做一個歐洲國家對待。定期與安卡拉就裏海盆地及中亞前途做諮商，將可在土耳其培養出與美國具有戰略夥伴關係的意識。美國應該強烈支持土耳其的心願，它希望能由亞塞拜然的巴庫到土耳其在地中海岸的錫罕港(Ceyhan)建一條輸油管，使得土耳其能成為裏海盆地能源的一個主要輸出國家。

此外，美、伊關係恆久敵對絕對不符合美國利益。美、伊若要最終修睦，必須以承認目前非常動盪的區域環境若能穩定，符合共同戰略利益為基礎。不容諱言，類似的修睦和解必須由雙方一起來推動，不能當做是某甲對某乙的施惠。一個強大的伊朗，即使有強烈的宗教意識、但並不偏執地反西方，乃是符合美國的利益，最後，伊朗的政治菁英或許也可以承認此一事實。同時，美國若能放棄目前反對土耳其與伊朗有密切經濟合作的作法，特別是不再反對興建新的輸油管，也不再反對在伊朗、亞塞拜然與土庫曼之間建立其他連接網路，更將符合美國在歐亞大陸的長期利益。美國若能長期參與這些興建計劃的財務融資，事實上亦符合美國利益。②

印度的角色亦需要深入討論，雖然它現在只是歐亞舞台上一個相對被動的玩家。印度在地緣政治上受到中國及巴基斯坦同盟的圍堵，同時，衰弱的俄羅斯並無法供給早先蘇聯給予印度的政治支持。然而，印度能夠一直維繫着民主政制本身就非常重要，它比學界成篇累牘文章更能有力駁斥人權及民主純為西方意識的說法之不當。印度經驗證明了新加坡及中國領導人所宣揚的反民主之「亞洲價值」論觀點，只是反對民主的言談，未必就是亞洲的特徵。基於同樣推理，印度的失敗將是對民主前程的打擊，將使一個有助於亞洲均勢的大國消逝，尤其在中國在地緣政治上野心勃勃崛起為區域霸主時，更令人不欲見到印度的消退。因此之故，逐步讓印度參加到有關區域穩定的討論，尤其是有關中亞前途的討論，乃是合乎現勢的作法，更不用說也必須促進美國及印度國防部門更直接的雙邊接觸。

中國越融入世界體系，越不會以政治愚鈍方式運用其區域優越性

如果美國與中國之間不能加深戰略了解，整個歐亞大陸的地緣政治多元主義就不能達成或穩定。其次，把中國拉進來參加嚴肅的戰略對話之政策（最後或許也涉及到日本，成為三邊對話），將是強化中國對美和解興趣的必須的第一步，它將反映出兩國事實上在許多方面共同的地緣政治利益，尤其是在東北亞及中亞地區的地緣政治利益。美國也應該就本身對一個中國政策的承諾，消除任何不確定的地方，以免台灣問題惡化，尤其是在中國消化吸納香港之後。同理，中國若能把消納香港做為成功樣板，證明即使大中華也能容忍及保障其內部政治設計越來越強的多元性，也相當吻合中國的利益。

誠如本書第四章及第六章已經探討過，雖然中、俄、伊朗聯盟反美的可能性，不會超過偶爾戰術性搔首弄姿的地步，美國非常必要與中國小心來往，不要把北京驅趕上此一方向。在類似的「反霸」同盟裡，中國將是連接楔。它將是最強大、最有活力的一員，因此乃是做頭的領導國家。這種同盟將出現在一個不友善、受挫折、又有敵意的中國之周遭。俄羅斯及伊朗都沒辦法成為此一同盟的中心磁鐵。

美、中就兩國不樂見出現另一可能霸權主宰之地區進行戰略對話，因此就非常有必要。

但是若要有進展，對話就應該持續、認真。在這種溝通過程中，有關台灣問題、甚至人權問題等易有爭論的議題，都可以力加勸服。的確美方可以有力的陳述，中國內部自由化的議題並非純粹的中國內政問題，因為中國唯有政治民主、經濟繁榮，才有可能和平誘引台灣。中國若企圖以武力強行統一台灣，不僅將危害到美、中關係，也勢必對中國吸引外資、持續發展的能力產生不良影響。因此受害的將是中國成為區域霸主及全球大國的希望。

雖然中國已正在崛起為區域的主導力量，但是在相當長的一段時候裡，它還不可能成為全球大國（理由參見第六章所述），外人擔心中國成為全球大國，卻在中國滋生自大狂；也因此而埋下美、中敵對的因子。因此，中國既不應受到圍堵，也不宜被寵溺逢迎，它應該被敬重是世界最大的開發中國家——而且，至少迄今成績相當成功。它在遠東，乃至整個歐亞大陸的地緣政治角色，也很可能成長。因此，把中國納入G—7這個世界主要國家年度高峰會議，就頗有必要，尤其是俄羅斯在一九九七年已獲邀與會，業已把高峰會議焦點由經濟擴大到政治層面。

中國越是融入世界體系，因而比較不會以政治愚鈍方式運用其區域優勢地位之際，在中國歷史上有長久關係之區域事實上出現一個中國順從圈，頗有可能也成為歐亞大陸地緣政治大和解架構的一環。統一後的韓國是否會投向這個順從圈，大體上要視日、韓修睦的程度而定（美國應該更積極鼓勵日、韓和解），但是不論如何，韓國統一、卻不與中國修好，絕不可能。

大中國到了某一時刻，無可避免一定會迫使解決台灣問題，但是中國加入越來越有拘束力的國際經濟、政治體系的程度，也可能對中國內政的性質產生正面衝擊。如果中國收回香港，證明並不高壓，則鄧小平對台灣喊出的「一國兩制」方案，就可以重新界定為「一國多制」。這可能使得相關各造較能接受統一——這又再次強調出，中國本身若不在政治上有所演變，和平再造一個中國就不會可能成功。

總而言之，基於歷史的理由及地緣政治的理由，中國應該把美國當做天生盟友。不像日本或俄羅斯，美國從來沒有企圖染指中國的領土；也不像英國，美國從來沒有羞辱過中國。甚且，若是沒與美國達成可行的戰略共識，中國不可能吸引大量外來投資協助其經濟發展，因此就未必能夠成為區域盟主。基於同樣理由，若沒有以美、中戰略和解做為美國參與歐亞事務的東方之錨，美國將不會有一項亞洲大陸地緣戰略；若是沒有亞洲大陸地緣戰略，美國就不會有一項歐亞大陸地緣戰略。因此，就美國而言，中國的區域力量導入國際合作的寬廣架構之後，在擔保歐亞安定上將是一個非常重大的地緣戰略資產——就這點而言，這層關係的重要性與歐洲不分軒輊，比日本就更加重要。

然而，情勢與歐洲方面不同，在東方大陸不會很快出現一個民主橋頭堡。這就使得美國努力培養與中國深化戰略關係，更加重要；但是美國這麼做必須以毫不含糊地承認，政治民主、經濟成功的日本是美國在太平洋的主要夥伴、在全球的關鍵夥伴，做為基礎。鑒於日本在亞洲區域受到各國嫌惡，不可能成為亞洲的主導力量，但是卻可以成為國際間的要角。東京可以在所謂的全球關切新事項方面與美國密切合作，取得全球影響力，另一方面則避免掉要在區域爭雄的無濟於事、且可能反而有破壞力的作為。美國政治家的任務因此可謂是引導日本走向這個方向。美、日簽訂自由貿易協定，創造一個共同的經濟空間，將可強化雙邊關係，及促進此一目標，因此其實用性應該得到雙方重視，聯手去檢討。

透過與日本密切的政治關係，美國將可以更安全地接納中國在亞洲區域的雄心，卻又能反對中國較專斷的一些言行。只有以此為基礎，才能規劃得到微妙的三邊調和——也就是美國做全球大國，中國在區域上獨步一方，日本則在國際間做領導人。然而，美、日若不智地擴大軍事合作，卻可能傷害到此一廣泛的地緣戰略調和。日本的中心角色不應該是扮演美國在遠東不沈的航空母艦，也不應該是美國在亞洲的主要軍事夥伴，更不宜有心在亞洲區域爭雄。如果冒失地進行上述作為，將使美國脫離亞洲大陸，傷害到與中國達成戰略共識的機會，因而挫傷到美國在整個歐亞大陸固化安定的地緣政治多元主義的能力。

歐亞大陸地緣政治的穩定性，排除出現單一一個主導力量，將可藉由或許在二十一世紀初能出現的跨歐亞安全體系（Trans-Eurasian Security System，簡稱TESS）而獲得加強。這樣一個跨大陸的安全協定應該包括，擴大後的北約組織（與俄羅斯以合作專章連結）、中國以及日本（日本仍保持與美國的雙邊安全條約）。但是要達成這個體系，首先北約組織必須擴大，同時把俄羅斯拉進一個更大的區域安全合作架構。此外，美國與日本必須密切諮商、合作，在遠東推動與中國之三邊政治、軍事對話。美、日、中三邊安全對話最後可望涉及到更多的亞洲國家參加，然後導致它們與歐洲安全合作組織之間展開對話。接下來，這個對話又替全體歐洲、亞洲國家一系列會議鋪路，因而開啟了制訂跨大陸安全體系的過程。

然後，一個更正式的結構可以開始成立，推動首次跨越整個大陸的跨歐亞安全體系之誕生。一旦本書早先所揭櫫的政策創造出必須的前置條件後，這個體系的組成（即界定其實質內容，然後再予以體制化）就可以成為今後十年的重大工程。這個廣泛的跨大陸安全架構宜設置一個常設安全委員會，由歐亞大陸主要實體組成，以便加強TESS就攸關全球穩定之重大議題推進有效合作的能力。美國、歐洲、中國、日本、邦聯的俄羅斯、印度，乃至或許若干其他國家，或許可以一起來擔當這樣一個結構比較清晰的跨大陸體系的核心角色。TESS的誕生可以逐步減低美國的若干重負，甚至還能使美國永保歐亞事務安定人、仲裁人的決定性角色。

超越最後一個全球超級大國

長期而言，國際政治已越來越不適宜把霸權力量集中到一個單一國家手中。因此，美國不僅是破天荒第一個、唯一的真正全球超級大國，也可能是最後一個全球霸主。

這不僅是因為民族國家又逐漸流行，也因為「知識即權力」變得更分散，受到共享，更不受國家疆界的局限。經濟力量也可能更加分散。在未來，沒有一個單一國家可能達到美國在二十世紀一直保持的，佔全世界各國國內生產毛額總和三〇%的成績，更不用說它一度在一九四五年達到全球各國國內生產毛額總和五〇%的巔峯成績。若干估計指出，在二〇〇〇年時，美國仍將佔有全球各國國內生產毛額總和的二〇%左右，到了二〇二〇年這個比例將降低到一〇至一五%左右，而其他力量如歐洲、中國及日本的相對佔有率可望上升到與美國約略相埒的地步。但是，全球經濟由單一國家獨佔優勢，有如美國在本世紀中的地位一樣，已經不復可能；這個趨勢明顯對軍事、政治有長遠的深刻影響。

甚且，美國社會的特殊性及多國、多民族特質，使美國很容易在全球建立霸權，卻不顯示出單一國家的顏色。譬如，中國若想追求全球優勢地位，不可避免將被其他國家視為企圖追求國家霸業。簡單地說任何人都可以成為美國人，但是只有華人可以成為中國人——這使得任何有心追求全球霸業的國家，遇到格外重大障礙。

因此，一旦美國領導地位開始式微，美國目前獨步全球的地位，不可能由其他單一國家複製。因此，未來的關鍵問題是：「美國將傳給世界什麼東西，做為其霸業長春的遺緒？」

答案部分要視美國此一優勢地位能維持多久而定，以及美國有多熱誠組成主要國家夥伴關係架構，俾能逐步正式體制化而定。事實上，基於國內及國外的原因，美國能夠建設性運用其全球大國力量的大好機會，會相當短暫。真正全民的民主國家過去從未獲致國際盟主地位。追求權力、尤其是發揮權力時往往經濟代價高昂，且不時需要犧牲人命，一般而言並不吻合民主政治的本能。民主化與帝國動員乃是相剋之物。

的確，針對未來有著不確定感，可能是美國身為第一個超級大國，卻不能、或不願施用其權力的因素。美國可能成為「不舉」的全球大國嗎？民意測驗顯示，只有少數美國人（一三%）認同這個說法：「身為唯一的超級大國，美國應繼續以無與倫比的世界領袖地位，去解決國際問題。」絕大多數美國人（七四%）希望美國「與其他國家攜手，公平地出力量去解決國際問題」。③

甚且，美國越來越成為多元文化的社會，它很難再就外交政策議題取得共識，除非是真正遭到大規模、及普遍認知的直接、外來威脅的狀況。這類共識在整個第二次世界大戰期間，乃至冷戰期間，都還存在。然而，其根源不僅深入在共有的民主價值觀，因為民眾覺得它們受到威脅；也因為對於受到極權主義荼毒的歐洲，它們有著文化及種族上的親切感。

在欠缺可供比較的外來挑戰之下，美國社會可能發現很難在外交政策上獲致一致意見，因為它們不能直接與中心信念和普遍共有的文化，種族同情心有關，而且還必須有持久、且有時亦耗費巨資的帝國主義活動。總之，針對美國在冷戰中獲勝有何影響，有兩個極端不同的觀點，且在政治上各有相當吸引力：一方面認為，冷戰既告結束，美國可以大幅減少在全球參與的程度，不必管它對美國的全球地位有何後果；另一方面卻主張，真正國際多邊主義的時機已告成熟，美國應該讓渡若干主權給國際多邊組織。這兩個極端都有忠心信徒。

更坦白地說，美國文化已有變化，可能更不適宜在國外持續運用真正的帝國力量。要運用帝國力量，必須有相當高程度的理論激勵、知性堅信及愛國情操。可是，美國的主流文化已經越來越定著在大眾娛樂之上，重視個人享樂、在社會上亦迴避責任。累積起來的效果是，越來越難以動員必須的政治共識，讓美國在海外承擔持續、且偶爾亦所耗不貲的領導責任。大眾傳播也在這方面扮演特別重要的角色，產生強烈劇變，反對選擇性地使用武力，即使只會有十分低的人命傷亡也不幹。

世界新秩序

此外，美國與歐洲也已發覺難以應付社會享樂主義的文化後果，以及以宗教信仰為基礎的社會價值劇烈貶值的狀況。由此產生的文化危機，更因毒品流行而加劇，尤其在美國，更因牽連到種族議題，更加複雜。最後，經濟成長率不再能趕得上對物質期待的上升率，文化上重視消費，使得物質需求變本加厲。我們如果說，歷史的焦慮感，甚至失望、悲觀感，在西方社會已十分明顯，絕不會言過其詞。

大約半個世紀以前，知名的歷史學家漢斯·柯恩(Hans Kohn)觀察兩次世界大戰的悲慘經驗，以及極權主義挑戰導致的衰弱結果，憂心西方可能已變得「筋疲力竭」。他擔心：

> 在二十世紀，人類變得比他們十九世紀的祖先，較乏信心。他親眼目睹歷史的黑色力量。似乎屬於過去的事物，現在又已再度出現：狂熱的信念、

永遠不會錯的領袖、奴役和屠殺，整個人口的流亡遷徙，殘暴不仁及野蠻行徑，無不一一復現。④

缺乏信心又因普遍對冷戰結束的後果失望而加劇。不但沒有出現以共識及和諧為基礎的「世界新秩序」，「似乎屬於過去的事物」突然間統統又成為未來。雖然種族、民族衝突可能不再有爆發世界大戰之虞，卻威脅到全球相當廣大地域的和平。因此，在未來一段時間裡，戰爭還不致於過時。比較先進的國家因本身有高度技術能力能自行毀滅而知所節制，也因為本身利益不敢輕舉妄動，戰爭可能成為世界窮人才供得起的奢侈行動。在可預見的將來，居全球三分之二的窮人可能不會因富國知所節制而想見賢思齊。

我們亦可以注意到，國際衝突及恐怖主義活動迄今大大減少使用大量毀滅武器。這種自我節制能持續多久，實在難以預料，但是不僅國家，連有組織的團體也越來越易於取得製造大規模傷亡的器具——譬如利用核子武器或細菌戰生化武器——也無可避免增加了它們被使用的可能性。

簡而言之，美國做為世界主要大國，的確面臨一個狹窄的歷史機會窗口。目前全球相對和平的時間可能並不會太久。這種可能性使得美國更有急迫需要去參與世界事務，刻意注重強化國際上的地緣政治穩定，並且在西方重振歷史樂觀意識。但是這種樂觀意識必須展示有能力、能同時處理內部的社會挑戰及外在的地緣政治挑戰。

然而，重振西方樂觀意識及西方價值普遍論，並不全然仰仗美國和歐洲，日本及印度展示出人權的觀念及民主實驗也可以在亞洲的環境裡成長，一個是高度發展的國家，一個是仍只在開發中的國家，都可以成長。因此，日本及印度民主政治持久成功，也具有極大重要性，可以使大家對全球政治形態的未來增添信心。的確，日本、印度以及南韓、台灣的經驗，顯示出中國持續的經濟成長，加上因大幅參加國際活動而產生外來壓力要它變革，或許可能導致中國制度逐步民主化。

接受這些挑戰是美國的重擔，也是美國的獨特責任。鑒於美國是民主國家的現實，有效的反應需要能激起民眾了解，在建構一個廣泛、穩定的地緣政治合作架構時，非常需要美國持續強大，既能避免全球無政府狀況，也能成功地遏阻出現新強權的挑戰。這兩個目標——避免全球無政府狀況，及阻止出現一個強權敵手——與長程界定美國全球參與（也就是指鍛造一個全球地緣政治持久的架構），乃是不可分離的。

不幸的是，迄今為止，想在冷戰終止之後，替美國訂定新的全球中心目標的作為，卻只有一個面向。它們不能聯繫起改善人類環境及維持美國在世界事務的中心角色之關係。我們可以試舉出近年這方面的若干作為來探討。柯林頓總統執政的頭兩年，主張「肯定的多邊主義」論的人士，並沒有充分考量到當代強權的基本現實。稍後，轉而強調美國應專注致力全球「民主政治之擴大」論，卻沒有適度考量到維持全球穩定、甚至推動某種權宜的權力關係，如與中國之關係（可遺憾的是這些對象未必是民主國家）的重要性。

做為美國的中心優先順序，較為狹隘專注的籲求更不成功。譬如想消滅全球所得分配普遍不公平現象、與俄羅斯建構特殊的「成熟的戰略夥伴關係」，或阻止武器擴散等等作法。其他的代替方案，如美國應專心致力保護環境，或更狹隘地以好好打一場地方戰爭等等，也往往忽略了全球權力的中心現實。因此，上述各種方案沒有一個完整地觸及到創造最低的全球地緣政治穩定的需要，以此一穩定做基礎，同時能延伸美國霸權、又能有效避免國際無政府狀況。

以地緣政治現實為基礎的全球合作運作結構，將逐步擔負起世界攝政的責任

簡單地說，美國的政策目標必須是雙重的目標：要使美國自身的主宰地位，至少能保持一個世代，當然能更長久更好；要創造一個能夠吸收無可避免的社會、政治變革之衝擊和壓力的地緣政治架構，同時能演進為共同擔負起全球和平管理的責任。在美國刺激及仲裁下，逐步與歐亞大陸關鍵性夥伴擴大合作的冗長階段，也能有助於培養前置條件，可以提升現有、卻越來越骨董的聯合國結構。重新分配責任及特權，才能考量到全球權力現實

業已大變，與一九四五年的狀況大為不同。

這些努力將有額外的歷史益處，藉由在傳統民族國家體系外，大幅成長的全球新關係網去獲利。這個關係網由多國籍公司、非政府組織（許多屬於跨國性質）和科學界組成，更受到國際網際網路的增強；它已經創造一個非正式的全球體系，適合更體制化、更包容的全球合作。

在今後數十年裡，以地緣政治現實為基礎的全球合作運作結構，將會出現，並且逐步擔負起世界「攝政」的責任；這個攝政目前已挑負起世界穩定及和平的重擔。地緣戰略在這條路線上的成功，將代表美國做為空前絕後真正全球獨一無二超級大國的角色，歷久彌新。

註釋：

① 一九九七年二月國際戰略研究中心在布魯塞爾舉辦「美國及歐洲」會議時，提出許多建設性的建議，包含聯合進行結構改良，藉以降低政府赤字，以及發展一個增強的歐洲國防工業基

礎，來加強跨大西洋防務合作及歐洲在北約組織內的發言份量。大衛・龔培德(David C. Gompert)和史蒂芬・拉瑞比(F. Stephen Larrabee)一九九七年編的《美國與歐洲：新時代的夥伴關係》列舉許多類似的種種意見，值得參考。

② 我們值得在此地引述我在國際戰略研究中心同事安東尼・考德斯曼(Anthony H. Cordesman)的卓見（詳見一九九七年二月考氏所撰《美國對美國之威脅》第十六頁，是在陸軍戰爭學院發表的演講稿），他警告不要像美國傾向一些糾纏不清的議題及國家，不肯放手。他說：「伊朗、伊拉克和利比亞是美國的仇家、眼中釘，美國把這些真實、但卻威脅有限的國家『妖魔化』(demonized)，卻不替其戰略開發任何可行的中期、長期作為。美國規劃人員不能希望完全孤立這些國家，也沒有理由把它們當做『惡棍』或『恐怖份子』國家看待。……美國活在一個道德上灰色的世界，不能順利把它們弄得黑白分明。」

③ 見一九九六年七月由國際安全研究中心及馬里蘭大學出版的《冒出頭的共識——美國公眾對美國之世界角色所持態度之研究》。值得注意的是，同一中心一九九七年初在調查人員史蒂芬・顧爾(Steven Kull)主持下做出另一項研究，也顯示出相當大多數受訪者贊成北約組織擴大（贊成者有六二%，其中強烈贊成者為二七%；反對者只有二九%，其中強烈反對者有一四%）。

④ 詳見一九四九年柯恩著《二十世紀》第五十三頁。

內文簡介

本書呈現出布里辛斯基對二十一世紀美國優勢地位的大膽地緣戰略觀點。他的分析重點是，歐亞大陸是人口最眾多、天然資源最豐富、經濟活動最活躍的區域，以及大國在此一區域的縱橫捭闔情況。由葡萄牙至白令海峽、由北歐拉布蘭到馬來西亞，美國霸權將在這塊歐亞大棋盤上受到考驗。

他認為，美國的任務是駕馭歐洲、亞洲和中東的衝突與關係，不使敵對的超級大國出現而威脅到美國的利益或福祉。

布里辛斯基在本書的分析重心是，美國在歐洲、俄羅斯、中亞和東亞四個重要區域的利害關係。斷層在哪裡，讀者或許已經熟悉，但是蘇聯土崩瓦解創造出新敵國、新關係，布里辛斯基針對此一地緣政治新現實，為我們爬梳整理出戰略脈絡意義，譬如，他解釋：

◆為什麼法國與德國將扮演地緣戰略樞紐角色，而英國與日本卻不會。

◆為什麼北約組織擴大是俄羅斯拋棄往昔錯誤的大好良機；為什麼俄羅斯若放棄此一機會，必將抱憾。

◆為什麼把中國當做是威脅，並不離譜。

◆為什麼美國不只是第一個道地地的全球超級大國，也將是最後一個全球霸主，它的意義、影響何在？

布里辛斯基原創性的結論，令人咀嚼回味再三。

作者

布里辛斯基 Zbigniew Brzezinski

於一九七七至一九八一年擔任美國總統卡特的國家安全顧問。曾任職華府戰略暨國際研究中心及約翰霍普金斯大學國際研究學院美國外交政策教授，著有《失控》（Out of Control）、《大失敗》（Grand Failure）、《權力與原則》（Power and Principle）等。

譯者

林添貴

國立台灣大學畢業，歷任企業高階主管及新聞媒體資深編輯人。包括《亨利魯斯傳》、《蔣經國傳》、《蔣介石與現代中國的奮鬥》、《裕仁天皇》、《季辛吉大外交》（合譯）、《大棋盤》、《李明潔回憶錄》、《轉向：從尼克森到柯林頓美中關係揭密》等。

校對

張淑芬

淡江大學中國文學研究所畢業，資深編輯人員。

文化與社會

薩依德精選Edward W. Said

當代最傑出的文化評論家
西方學術界卓然特立的知識份子典型
以東方學論述開啓二十世紀末葉後殖民思潮

文化與抵抗

沒有種族能獨占美、智與力，
在勝利的集合點上，
所有種族都會有一席之地。

聯合報讀書人最佳書獎
讀書人版、誠品好讀書評推薦
ISBN: 978-986-360-195-1
定價：350元

鄉關何處

薩依德的流離告白

美國紐約客雜誌年度最佳書獎
2000年紐約書獎
安尼斯菲爾德一伍夫書獎。

聯合報讀書人最佳書獎、中時開卷版、誠品好讀、自由時報副刊書評推薦
ISBN: 978-986-360-032-9
定價：420元

遮蔽的伊斯蘭

西方媒體眼中的穆斯林世界

任何人若想要知道西方與去殖民化世界之關係，就不能不讀本書。
──《紐約時報書評》

聯合報讀書人最佳書獎、讀書人版、開卷版、誠品好讀書評推薦
ISBN: 978-986-360-160-9
定價：380元

文化與帝國主義

這本百科全書式的作品，極實際地觸及歐洲現代史的每件重大帝國冒險行動，以史無前例的細膩探討19世紀法國、英國殖民系統的謀略，橫跨小說、詩歌、歌劇至當代大眾媒體的文化生產領域。
──London Review of Books

聯合報讀書人最佳書獎
中時開卷版書評推薦
ISBN: 978-986-360-209-5
定價：520元

東方主義

後殖民主義是20、21世紀之交影，
全球的社會人文領域裡，
最普遍與最深遠的一股思潮
本書是知識份子與一般讀者必讀的經典。

聯合報讀書人最佳書獎、中時開卷版、誠品好讀書評推薦
ISBN: 978-986-360-205-7
定價：500元

大師作品

21世紀重要知識份子

杭士基Noam Chomsky

我有一艘小船，所以被稱為海盜；
你有一支海軍，所以被稱為皇帝。

海盜與皇帝

中時開卷版、誠品好讀書評推薦
ISBN: 978-986-6513-35-0
定價：350元

世界上有許多恐怖主義國家，
但是美國特殊之處在於，
官方正式地從事國際恐怖主義，
規模之大讓對手相形見絀。

宗教學

20世紀美國實用宗教學鉅著

威廉．詹姆斯 William James

百年百萬長銷書，宗教學必讀

宗教經驗之種種

這是宗教心理學領域中最著名的一本書，
也是20世紀宗教理論著作中最有影響力的一本書。
——*Psychology Today*

如果我們不能在你我的房間內，
在路旁或海邊，
在剛冒出的新芽或盛開的花朵中，
在白天的任務或夜晚的沈思裡，
在眾人的笑容或私下的哀傷中，
在不斷地來臨、莊嚴地過去而
消逝的生命過程中看見神，
我不相信我們可以在伊甸的草地上，
更清楚地認出祂。

2001年博客來網路書店十大選書
中時開卷版本周書評
誠品好讀重量書評
ISBN:978-986-360-194-4
定價：499元

20世紀美國宗教學大師

休斯頓．史密士 Huston Smith

ISBN:978-986-360-206-4
定價：450元

人的宗教：人類偉大的智慧傳統

為精神的視野增加向度，
打開另一個可生活的世界。
中時開卷版一周好書榜

半世紀數百萬長銷書
全美各大學宗教通識必讀
橫跨東西方傳統
了解宗教以本書為範本

燈光，是不會在無風的地方閃動。
最深刻的真理，
只對那些專注於內在的人開放。
——*Huston Smith*

永恆的哲學

找回失去的世界
ISBN:957-8453-87-6
定價：300元

權威神學史學者

凱倫．阿姆斯壯 Karen Armstrong

神的歷史 A History of God

紐約時報暢銷書
探索三大一神教權威鉅著
讀書人版每周新書金榜

ISBN:978-986-360-125-8
定價：460元

帶領我們到某族群的心，
最佳方法是透過他們的信仰。

心理學與哲學思考

羅洛・梅 Rollo May

愛與意志：羅洛・梅經典

生與死相反，
但是思考生命的意義
卻必須從死亡而來。

ISBN:978-986-360-140-1
定價：420元

自由與命運：羅洛・梅經典

生命的意義除了接納無
可改變的環境，
並將之轉變為自己的創造外，
別無其他。
中時開卷版、自由時報副刊
書評推薦
ISBN:978-986-360-165-4
定價：360元

創造的勇氣：羅洛・梅經典

若無勇氣，愛即將褪色，
然後淪為依賴。
如無勇氣，忠實亦難堅持，
然後變為妥協。

中時開卷版書評推薦
ISBN:978-986-360-166-1
定價：230元

權力與無知：羅洛・梅經典

暴力就在此處，
就在常人的世界中，
在失敗者的狂烈哭聲中聽到
青澀少年只在重蹈歷史的覆轍。

ISBN:978-986-3600-68-8
定價：350元

哭喊神話

呈現在我們眼前的....
是一個朝向神話消解的世代。
佇立在過去事物的現代人，
必須瘋狂挖掘自己的根，
即便它是埋藏在太初
遠古的殘骸中。

ISBN:978-986-3600-75-6
定價：380元

焦慮的意義：羅洛・梅經典

焦慮無所不在，
我們在每個角落
幾乎都會碰到焦慮，
並以某種方式與之共處。

聯合報讀書人書評推薦
ISBN:978-986-360-141-8
定價：420元

尤瑟夫・皮柏 Josef Pieper

二十世紀最重要的哲學著作之一

閒暇：一種靈魂的狀態 誠品好讀重量書評推薦

Leisure, The Basis of Culture
德國當代哲學大師經典名著

本書摧毀了20世紀工作至上的迷思，
顛覆當今世界對「閒暇」的觀念

閒暇是一種心靈的態度，
也是靈魂的一種狀態，
可以培養一個人對世界的關照能力。

ISBN:978-986-360-107-4
定價：280元

心理學與哲學思考

C. G. Jung 榮格對21世紀的人說話

發現人類內在世界的哥倫布

榮格早在二十世紀即被譽為是
二十一世紀的心理學家，因為他的成就
與識見遠遠超過了他的時代。

榮格（右一）與弗洛依德（左一）在美國與當地學界合影，中間爲威廉．詹姆斯。

人及其象徵：

榮格思想精華
Carl G. Jung ◎主編
龔卓軍 ◎譯

中時開卷版書評推薦
ISBN: 978-986-6513-81-7
定價：390元

榮格心靈地圖

人類的先知，
神秘心靈世界的拓荒者
Murray Stein◎著
朱侃如 ◎譯
中時開卷版書評推薦
ISBN: 978-986-360-082-4
定價：320元

榮格．占星學

重新評估榮格對
現代占星學的影響
Maggie Hyde ◎著
趙婉君 ◎譯

ISBN: 978-986-360-183-8
定價：380元

導讀榮格

超心理學大師
榮格全集導讀
Robert H. Hopcke ◎著
蔣韜 ◎譯

ISBN: 978-957-8453-03-6
定價：230元

榮格：
思潮與大師經典漫畫

認識榮格的開始
Maggie Hyde ◎著
蔡昌雄 ◎譯

ISBN: 987-986-360-101-2
定價：250元

大夢兩千天

神話是公眾的夢
夢是私我的神話
Anthony Stevens ◎著
薛絢 ◎ 譯

ISBN: 978-986-360-127-2
定價：360元

夢的智慧

榮格的夢與智慧之旅
Segaller & Berger ◎著
龔卓軍 ◎譯

ISBN: 957-8453-94-9
定價：320元

神話學

喬瑟夫·坎伯 Joseph Campbell

20世紀美國神話學大師

如果你不能在你所住之處找到聖地，
你就不會在任何地方找到它。
默然接納生命所向你顯示的實相，
就是所謂的成熟。

坎伯與妻子珍·厄爾曼

英雄的旅程

讀書人版每週新書金榜
開卷版本周書評
Phil Cousineau ◎著
梁永安 ◎譯

ISBN: 978-986-360-153-1
定價：420元

神話的力量

1995聯合報讀書人
最佳書獎
Campbell & Moyers ◎著
朱侃如 ◎譯

ISBN: 978-986-360-026-8
定價：390元

千面英雄

坎伯的經典之作
中時開卷版、讀書人版每周
新書金榜
Joseph Campbell ◎著
朱侃如 ◎譯

ISBN: 957-8453-15-9
定價：420元

坎伯生活美學

開卷版一周好書榜
讀書人版每周新書金榜
Diane K. Osbon ◎著
朱侃如 ◎譯

ISBN: 957-8453-06-X
定價：360元

神話的智慧

開卷版一周好書榜
讀書人版每周新書金榜
Joseph Campbell ◎著
李子寧 ◎譯

ISBN: 957-0411-45-7
定價：390元

美國重要詩人內哈特 John Neihardt傳世之作

巫士詩人神話　長銷七十餘年、譯成八種語言的美國西部經典

這本如史詩般的書，述說著一個族群偉大的生命史與心靈史，透過印第安先知黑麋鹿的敘述，一部壯闊的、美麗的草原故事，宛如一幕幕扣人心弦的電影場景。這本書是世界人類生活史的重要資產，其智慧結晶將為全人類共享，世世代代傳承。

ISBN: 986-7416-02-3　定價：320元

國家圖書館出版品預行編目(CIP) 資料

大棋盤：全球戰略大思考（2021 年版）/ 布里辛斯基
(Zbigniew Brzezinski) 著；林添貴譯 -- 四版 -- 新北市：立
緒文化事業有限公司, 民 110.08
312 面；14.8×21 公分. --（世界公民叢書）

譯自：The Grand Chessboard
ISBN 978-986-360-178-4 (平裝)

1. 美國外交政策 2. 地緣政治 3. 地緣戰略 4. 國際政治

578.52 110012043

大棋盤：全球戰略大思考（2021 年版）

The Grand Chessboard

出版——立緒文化事業有限公司（於中華民國 84 年元月由郝碧蓮、鍾惠民創辦）
作者——布里辛斯基（Zbigniew Brzezinski）
譯者——林添貴

發行人——郝碧蓮
顧問——鍾惠民

地址——新北市新店區中央六街 62 號 1 樓
電話—— (02) 2219-2173
傳真—— (02) 2219-4998
E-mail Address —— service@ncp.com.tw
劃撥帳號—— 1839142-0 號 立緒文化事業有限公司帳戶
行政院新聞局局版臺業字第 6426 號

總經銷——大和書報圖書股份有限公司
電話—— (02) 8990-2588
傳真—— (02) 2290-1658
地址——新北市新莊區五工五路 2 號
排版——辰皓電腦有限公司
印刷——尖端數位印刷股份有限公司

法律顧問——敦旭法律事務所吳展旭律師

分類號碼—— 578.52
ISBN —— 978-986-360-178-4
出版日期——中華民國 87 年 4 月～ 93 年 1 月初版 一～六刷（1 ～ 10,700）
中華民國 96 年 10 月二版 一刷（1 ～ 1,500）
中華民國 103 年 8 月～ 105 年 9 月三版 一～二刷（1 ～ 1,700）
中華民國 110 年 8 月～ 112 年 12 月四版 一～四刷（1 ～ 2,900）
中華民國 113 年 8 月四版 五刷（2,901 ～ 3,900）

定價◎ 350 元（平裝）

大櫓文化 閱讀卡

姓　名：

地　址：□□□

電　話：(　　)　　　　　　傳 眞：(　　)

E-mail：

您購買的書名：＿＿＿＿＿＿＿＿＿＿＿＿＿＿

購書書店：＿＿＿＿＿＿市（縣）＿＿＿＿＿＿＿＿書店

■您習慣以何種方式購書？

□逛書店 □劃撥郵購 □電話訂購 □傳真訂購 □銷售人員推薦

□團體訂購 □網路訂購 □讀書會 □演講活動 □其他＿＿＿＿

■您從何處得知本書消息？

□書店 □報章雜誌 □廣播節目 □電視節目 □銷售人員推薦

□師友介紹 □廣告信函 □書訊 □網路 □其他＿＿＿＿＿＿

■您的基本資料：

性別：□男 □女　婚姻：□已婚 □未婚　年齡：民國＿＿＿＿年次

職業：□製造業 □銷售業 □金融業 □資訊業 □學生

□大眾傳播 □自由業 □服務業 □軍警 □公 □教 □家管

□其他＿＿＿＿＿＿＿＿＿＿＿＿＿＿

教育程度：□高中以下 □專科 □大學 □研究所及以上

建議事項：

愛戀智慧 閱讀大師

廣告回信
北區郵政管理局登記證 北臺字8448號
免貼郵票

立緒文化事業有限公司 收

新北市 231

新店區中央六街62號一樓

請沿虛線摺下裝訂，謝謝！

立緒文化 閱讀卡

感謝您購買立緒文化的書籍

為提供讀者更好的服務，現在填妥各項資訊，寄回閱讀卡（免貼郵票），或者歡迎上網http://www.facebook.com/ncp231即可收到最新書訊及不定期優惠訊息。